L'INTERPRÈTE

DES SONGES

PARIS. — IMPRIMERIE CHARLES BLOT, RUE BLEUE, 7.

L'INTERPRÈTE
DES SONGES

GUIDE INFAILLIBLE

POUR L'EXPLICATION DES SONGES, RÊVES ET VISIONS
AVEC L'INDICATION DES NUMÉROS DE LOTERIE POUR CHAQUE SONGE
ET UN CHOIX TRÈS-INTÉRESSANT D'ANECDOTES RELATIVES AUX SONGES
AUX RÊVES ET AUX APPARITIONS

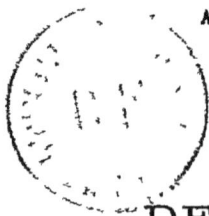

PAR

LE DERNIER DESCENDANT

DE CAGLIOSTRO

PARIS

CHEZ LES MARCHANDS DE NOUVEAUTÉS

INTRODUCTION

Voici un livre que nous recommandons forte-
ment à l'attention des personnes sensées et réflé-
chies. Il est tout entier consacré à l'explication des
songes. Nous y avons joint l'indication des chiffres
correspondant aux numéros qu'on pourra choisir
pour tirer à la loterie avec toute chance de succès,
si l'on sait être assez habile pour ne pas se tromper
sur le songe et le chiffre que le ciel nous inspire
pendant notre sommeil.

Quelques personnes légères et superficielles af-
fectent de ne pas croire aux songes; mais, cela est
hors de doute, Dieu, pour nous consoler des misères de ce monde, nous a donné le sommeil;
mais, pour nous mieux guider dans nos voies dif-
ficiles, il a ordonné que le sommeil fermât nos
yeux à la lumière, nos sens aux impressions de la
vie, et il nous envoie les rêves pour que nous sa-
chions, d'une manière certaine, dévoiler quels
sont les ordres qui nous sont imposés par son
immuable volonté.

C'est donc blasphémer que de dire que tout
songe est mensonge. La vérité nous vient de Dieu.

C'est par les songes qu'elle nous est transmise, et il nous est impossible de le nier.

Dans, les divers traités sur les songes qui ont paru dans ces derniers temps, on a supprimé les numéros de loterie sous le vain prétexte que les numéros qui s'appliquent aux rêves sont devenus sans importance.

Cela serait juste si les loteries étaient absolument prohibées, et s'il n'y en avait plus d'établies dans d'autres contrées; mais, comme le gouvernement, en France, en autorise pour certains objets ou dans certaines circonstances, et que, d'ailleurs, les chefs de quelques petits États les ont laissé subsister dans les villes de leur domination, nous pensons qu'il suffit que la connaissance de ces numéros soit utile aux personnes qui ont foi dans les rêves, pour que nous devions ne point les retrancher.

On n'ignore pas d'ailleurs qu'un très-grand nombre de loteries pieuses ou de bienfaisance sont organisées et autorisées sur tous les points de l'Europe et particulièrement en France, et que leur organisation diffère nécessairement de celle des loteries qui sont établies sur les bases anciennes. En effet, au lieu de 90 numéros, on compose ces loteries d'un nombre beaucoup plus considérable qu'on divise ordinairement par série.

Pour les dix derniers nombres de chaque série de cent, pour lesquels il n'a jusqu'ici été fait aucune étude, les modernes traités de songes conseillent de recourir aux cartes basses d'un jeu entier, pour savoir lesquels de ces dix derniers nombres sont indiqués par le hasard.

Ayant réuni, par exemple, les dix basses cartes de cœur, savoir : as, deux, trois, quatre, cinq, six, sept, huit, neuf et dix, vous les mêlez à plusieurs reprises; vous les coupez de la main gauche, puis, les ayant réunies en un seul tas, vous retournez la première : c'est dans cette carte que se trouve l'indication du ou des numéros que vous devez choisir. Ainsi :

Si vous retournez le sept, vous choisirez les ou l'un des n°s 7, 197, 297, etc. — Si vous retournez l'as, vous choisirez les ou l'un des n°s 1, 101, 201, etc. — Si vous retournez le dix, vous choisirez les ou l'un des n°s 200, 300, 400, etc., et ainsi de suite.

Nous avons voulu donner cette explication intégralement, telle qu'elle est rapportée dans les volumes déjà existants.

Mais, dans notre ouvrage, qui est une œuvre entièrement refondue, nous avons refait tous les chiffres sur les calculs des maîtres spéciaux, en les contrôlant sur les résultats acquis, sur les spéculations mathématiques et sur les chiffres donnés par l'expérience, les gains obtenus aux loteries récentes et l'approbation des devins, nécromanciens et explicateurs de songes réputés les moins infaillibles.

L'on pourra donc se servir de nos chiffres pour

toutes les loteries sans exception, et notre Traité des songes est le premier et le seul qui offre cet avantage.

Pour les chiffres dépassant la première centaine, il sera prudent de prendre dans chaque série le nombre dont le dernier ou les deux derniers chiffres présentent un des cent numéros de la première centaine. Ainsi, si l'on tient à choisir le n° 27, il est sage de prendre encore les n° 127, 227, 327, etc.

Pour établir ces chiffres d'après les calculs de l'art d'interpréter des songes, nous avons dépensé soixante ans de notre vie en études approfondies; espérons qu'un aussi long labeur vous portera agrément et profit, et que vous gagnerez à la loterie toutes les fois que vous y aurez mis un numéro bien inspiré et sagement recueilli par vous dans notre livre.

Cher lecteur, le livre que je vous donne est un trésor, sachez le comprendre, et qu'il vous porte bonheur!

DEVIN BALSAMO.

L'INTERPRÈTE

DES SONGES

DICTIONNAIRE ALPHABÉTIQUE

DES SONGES

AVEC LES EXPLICATIONS ET COMMENTAIRES

ET LES NUMÉROS DE LOTERIE CORRESPONDANT

A : torts injustement imputés, 2, 19.

ABAISSEMENT : revers, 3, 22, 40.

ABANDONNER sa maison : gain, profit, 3, 17 ; — sa femme : joie, réjouissance, 40, 53 ; — son état : perte par mauvaise foi, 33, 75. | Être abandonné d'un parent : malheur prochain, 3, 21, 43 ; — par les grands et les riches : allégresse, 1, 12, 64, 91.

ABATTIS (quelconque) : allégresse, 47, 62.

ABATTOIR. Y voir tuer : heureux présage, 31, 43, 52 ; — le voir vide : danger de mort, 51, 71, 95.

ABATTEMENT (chez un autre) : faiblesse de caractère, 27, 40. | Se sentir abattu, fatigué : bonne chance si l'on redouble d'efforts, 32.

ABAT-VENT. En voir : danger imminent, 3, 7, 11 ; — en construire : reprendre courage, 17.

ABBAYE : peine, affliction, 73, 85 ; — la voir détruite, ruinée : consolez-vous, vos peines touchent à leur fin, 52, 99.

ABBÉ : danger pressant, 23 ; — séculier : argent perdu, 93 ; — travesti : santé perdue, 9. | Petits abbés : trahison amoureuse, 17. | Voir plusieurs abbés ensemble : déshonneur imminent, 13, 57, 71. | Voir une série d'abbés descendant une rampe : bataille domestique, 42.

ABBESSE : orgueil, malice dont on sera victime, 6, 44, 58.

ABEILLES : gain et profit, 34, 86 ; — les voir familières sur soi : amours heureuses, 27 ; — si elles déposent leur miel dans la maison : dignité, éloquence, réussite, 18 ; — en être piqué : mauvais caractère, 31 ; — les prendre, profit notoire, 15, 36 ; — les tuer : perte, ruine, 5, 32 ; — les donner : bon mariage, 40, 91.

ABHORRER : danger qu'on évitera, 33, 97.

ABIME : rencontre heureuse, 17. | S'abîmer : réconciliation d'amour, 43.

ABJURER : bonne affaire qui se prépare, 19, 45. | L'abjuration de la part d'un autre veut dire qu'un de vos amis qui est malade entre en voie de guérison, 17, 99.

ABOIEMENT : Songer que l'on aboie soi-même : Changement de caractère, on deviendra très-doux et très-bon, 21, 40, 53. | Si l'on entend aboyer un chien, c'est signe que l'on gagnera un procès, 31. | Si l'on entend le chien du voisin hurler à la lune : secours à donner, 42, 67. | Se faire suivre par une troupe de chiens aboyant portés par un domestique, vous annonce la prochaine menace d'une véritable imbécillité, 1, 23, 40.

ABONDANCE (être dans l') : sécurité trompeuse, 51, 69. — Songer qu'on la partage avec un ami : vous prédit une réussite complète, 22, 47. — Si c'est avec une demoiselle : ruine imminente, 41, 63, 89.

ABORDAGE : présage d'heureuse nouvelle, 3, 15. | Si vous voyez un abordage sur un navire en danger : malheur qui vous menace et auquel vous échapperez, 75, 99. | Abordage pendant un combat naval : victoire sur tous vos ennemis, 17, 33.

ABSTRACTION (être plongé dans l') : bonheur prochain, 32.

ABREUVOIR : héritage, 21. — Y voir des chevaux, annonce de grandes joies qui vous arrivent, 17, 21, 43. — Y voir un âne, est la prédiction d'un procès heureusement gagné, 47, 63, 79. | Abreuvoir desséché : mystère, 47, 63. — Avec des ordures : naissance d'un garçon, 41, 87.

ABRI : en chercher un contre la pluie : peine secrète, 43, 57. — Contre la grêle : le mari sera trompé par sa femme ; la femme sera tentée de prendre un amant et devra appeler à son secours toute sa vertu, 89, 90. | Être poursuivi par des enfants armés de pierres : dénonciation faite par une femme que l'on aime, 27. | Chercher à s'abriter : tribulations longues et pénibles, 15, 36.

ABRICOTIER : plaisir, contentement, 60.—S'il y a des fruits : prudence, 27.—S'il en est dépourvu : prospérité, 41, 53.—Le voir chargé de fruits hors la saison : succès inespéré, 52, 67.—Y voir des fruits secs : ennui, 23, 28.

ABSENCE : rêver d'un absent : héritage qui vous est ravi, 43.—D'une absente : chagrins domestiques, 47, 60.

ABSINTHE (en boire) : chagrin suivi de joie, 7, 29, 90. —En vendre : perte assurée, 74, 81.—En acheter : pressentiment d'amour, 2.

ABSOLUTION : on sera volé, 21. | Si on la donne : moquerie, 47.

ABSTINENCE : présage de bonheur, 16, 90.

ACACIA : bonne nouvelle, 25, 46.

ACADÉMIE : vieillesse imbécile, 17, 21. | Académiciens réunis : ennui, tristesse, 56, 63. | Être académicien : gloire facile, petits gains, 21, 32. | Académie de jeu : attrait qui ne trompe point, 28, 65.

ACAJOU : mauvais goût, vanité funeste, 33, 57.—Plein ou plaqué : bêtise fructueuse, 41, 62.—Brut : maladresse qui vous rapportera de l'argent, 42.

ACCABLEMENT : Craintes puériles, 22.

ACCAPAREUR : confiance bien placée, 16, 97. | Accaparement à votre profit : défiez-vous de votre père; il veut vous déshériter.

ACCÈS (de toux) : vos serviteurs dénoncent les secrets de votre maison, 32, 17; — de folie : faveurs méritées.

27, 31 ; — de fièvre : votre fils vous mettra sur la paille, 42, 69.

ACCIDENT : en êtes-vous témoin sans y prendre part : lâcheté qui vous sera profitable, 49, 75.—Donnez-vous des secours à la victime : trahison d'un ami qui vous supplantera dans l'héritage que vous attendez, 19, 61.

ACCLAMATIONS : plus elles sont nombreuses, plus votre vie est en danger, 49, 67.

ACCOSTER : être accosté par un prince ou par un grand seigneur : vanité de peu de profit, 21, 33.—Par un roi, malheur certain, 3, 17, 60.

ACCOLADE (d'un grand) : protection funeste, 21.

ACCOUCHEMENT : présage favorable pour un procès, 11, 33.—S'il est heureux, prospérité certaine, 22.—S'il est funeste, c'est la ruine de vos ennemis, 1, 13.—Si le nouveau-né est un garçon : cela vous annonce de grandes fatigues, 43, 57 ;—si c'est une fille : la délivrance de toutes vos peines, 21, 39 ;— si ce sont deux jumeaux : c'est le présage d'une immense richesse, 9, 17, 41, 63. | Rêver qu'on accouche d'un poisson : c'est signe qu'on se *brûlera*, 21 ;—qu'on accouche d'un rat, d'un chat, d'un basilic : annonce de grandes joies, 23, 32 ; — d'une crotte : présage des plus grands honneurs, 89. | Voir un accoucheur : aide et protection, 22 ;—une accoucheuse : bavardage, 33, 41.

CCOUPLER : naissance prochaine d'un garçon, 33.

ACCOURIR : danger pressant, 23, 32, 41.

ACCROC : peine passagère, 37.

ACCUEIL : infidélité, 22 ; — favorable : indiscrétion de femme, 23 ; — défavorable : écoutez les avis qu'on vous donne, 3, 21.

1.

ACCUMULER : vos projets seront contraires à vos intérêts, 49, 73.

ACCUSER quelqu'un d'un crime : tourment, inquiétude, 7, 25, 32. | Être accusé par un homme : succès, réussite, 9, 13 ; — par sa femme : bonne nouvelle, 1, 29, 87. | Voir un accusé : trahison et tourment, 27.

ACHATS (faire des) : profit, 7, 36, 76. | Voir des acheteurs : vous invite à l'économie, 22. | Achat de choses usuelles : perte prochaine, 31.

ACIER. En fondre : persévérance dans vos projets, 33. — En acheter : commerce prospère, 63, 66, 69. — En vendre : héritage, 41, 79.

ACQUIESCER : amourettes qui vous donneront bien de l'agrément, 31, 69.

ACQUISITION : profit, 21.—Des objets nécessaires à la vie et au bien-être ; si vous êtes pauvre, est un présage d'un retour de fortune, 4, 87 ; si vous êtes riche, d'un succès de vos démarches, 21, 37.

ACRETÉ : soucis, peines, 17.

ACTEUR : ayez confiance en vos amis, 21, 69.

ACTRICE : votre projet réussira, 23.

ADAM ET ÈVE : reconnaissance d'enfant d'adoption, 15, 42, 49.

ADHÉSION : soyez prudent, 21.

ADIEU. Le dire : vous annonce la tranquillité.—Le recevoir : présage un grand débarras, 42, 45. | Adieu à un moribond : religieuse espérance en Dieu, 27, 45, 63.

ADJUDANT (voir un) : ennui prochain, 41.

ADJUDICATION : tribulation dans les affaires, 29.

ADMINISTRATEUR : maladie grave, 3, 7, 9, 13.

ADMIRER : tromperie, 17. | S'admirer : tromperie dont on sera victime, 4, 7, 9, 97.

ADOLESCENT. Ennuis, 4; — blond : forte santé, 42; — brun : votre femme vous trompera; — vieux : il n'y a plus rien à faire, votre femme vous a trompé, 42, 57.

ADONIS : ruse d'amour, 23. | S adoniser : rivalités d'amour, 29, 73.

ADOPTION : richesses pour l'âge mûr, 6, 40.—Si c'est l' un enfant qui vous est attaché par les liens du sang, héritage prochain, 22. — S'il vous est étranger, succès dans tout ce que vous entreprendrez, 1, 20, 43, 57, 67.

ADORATION : joie et contentement, 10, 17, 36. | Adorer Dieu : quiétude, 24; — des statues : bonheur intime, paix de l'âme, 17 ; — ses enfants : satisfaction du bonheur accompli, 14, 43, 78.

ADOUCISSEMENT : bonne aubaine, 27, 32.

ADRESSE, HABILETÉ, RUSE, FRIPONNERIE : vous parviendrez en tout, aux honneurs, à une très-grande réputation et à l'estime universelle, 51, 63.

ADVERSAIRE : rivalité vaincue, 3, 7.

ADULATION : opprobre en perspective, 27.

ADULTÈRE : joie et contentement, 10 36 ; — si vous le commettez : bénéfice certain, 45, 54 ; — si vous le publiez : vous gagnerez un procès, 41 ; — si votre épouse le commet : grand bénéfice pour vous, 63, 89, 91, 94, 97, 99.

ADVERSITÉ (de vos ennemis) : réjouissance pour vous, 42, 51 ; — la vôtre : prenez courage, 22.

AFFABILITÉ : travail de tête, 21.

AFFAIBLISSEMENT : renom pour l'enfant à naître, 42.

AFFAIRES; en faire de bonnes : héritage, 27 ; — en faire de mauvaises : vos idées tourneront à la religion, 43.

AFFICHE; en lire : peine perdue, travail sans fruit, 51 ; —en poser, les coller : honneurs inespérés, 32. | Assister à un affichage, réclamation inattendue, 27.

AFFLICTION : triomphe des méchants, 49, 68.

AFFRONT : bon augure, 51, 73.

AFFUT (de canon) : embûches dangereuses, 62 ; — pour la chasse : plaisirs et réjouissances, 27.

AGATE et pierres précieuses : tristesse, maladie, obstacle, 7, 12.

AGE (quelconque) : vie paisible et honnête, 4, 13.

AGENT, AGENCE : perte de succession, 5, 11.

AGITATION : richesse prochaine, 9, 99.

AGNEAU; en avoir à soi : consolation, 21, 52; — en porter sur sa tête : prospérité à venir, 14, 43; — en tuer : lâcheté, 18, 23. | Manger des côtelettes d'agneau : plaisir très-grand, 41, 63. | Si vous voyez des agneaux venir à votre rencontre, mariage avantageux, 41; — si vous les suivez, douce perspective de bonheur dans la vieillesse, 22, 25; — les caressez-vous, votre maîtresse vous sera fidèle, 4, 17; — vous caressent-ils, vous aurez beaucoup d'enfants, 51, 62. | Voir un agneau enragé, signe le plus sûr d'une grande richesse mêlée de travers domestiques et conjugaux, 97.

AGONIE. Se voir dans l'agonie annonce un héritage, 22; — voir celle de ses ennemis, présage une succession, 49, 67; — d'un inconnu : bénéfice inattendu, 33, 80.

AGRAFES: travail de tête, 13, 82; — en trouver : craintes chimériques, 21, 30 ; — en vendre, duperie, 43 ; acheter : vous aurez la jambe cassée, 73.

AGRANDISSEMENT : amitié, estime, 22.

AGRICULTURE : bonheur sans mélange, 62.

AHURISSEMENT : guérison, 29.

AIDER : voyage prochain, 31.

AIDES (subsides) : obstacles sur obstacles, 27, 41.

AIEUX : procès de famille, 23. — Les voir se chamailler, héritage, 43, 59.

AIGLE : grande réussite, 59, 73 ; — s'ils planent sur votre tête : vous serez chauve, 61, 95.

AIGRETTE : querelles, mauvais présage, 27, 31 ; — d'ambre : bon augure, 49 ; — de corail : joie immodérée, 93, 97 ; — de diamant : dignités obtenues, 61, 82 ; — de perles : richesses inespérées, 43, 87 ; — de rubis : calomnies, 21, 33.

AIGUILLES à coudre : tracasseries de longue durée, 7, 17, 29 ; — à tricoter : médisance de femme, 21.

AIGUILLETTE. Si on vous la noue : prospérité, 22 ; — si on vous la dénoue : plaisirs mêlés de remords, 47

AIL : on épousera une femme dont la bouche sentira la rose, 42, 59. — En manger, on embrassera dans la journée la femme qu'on aime, 61, 73.

AILE : repos bienfaisant, 21, 34, 59.

AIMANT (pierre) : flatterie, 29, 31.

AIR. Voir des gens qui se donnent des airs comme, par exemple une femme en bonne santé gaiement portée sur sa monture, l'amoureux sans tracas arrivant à la suite monté sans fatigue sur sa bête, tandis que le benêt de mari porte toute la charge et marche à pied, signifie qu'il faut éviter toute querelle et qu'un duel vous menace, 22, 31, 43. | Ceux qui songent voir l'air clair et serein seront aimés et estimés de tous ; leurs ennemis et leurs envieux ne désireront que se réconcilier avec eux, 66. | Songer que l'air est pur, exempt de nuages, signifie que les larcins dont on a été victime seront découverts, que les objets égarés seront retrouvés, que les ennemis que l'on s'est fait seront déjoués dans leurs projets, vaincus dans leurs attaques ; qu'on gagnera ses procès, que les voyages que l'on entreprendra seront profitables ; en un mot, rêver d'air pur permet de ne pronostiquer que de bonnes choses,

des prospérités et des succès, 83, 90. | Si, au contraire, l'on songe que l'air est troublé, nébuleux, obscur, cela présage tristesses, mauvaise santé, affaires embrouillées, réussite des ennemis et des envieux, péril en voyage, etc., 41, 79. | Songer qu'on respire un air doux, modéré, est l'indice de mœurs sages et d'une vie innocente et présage des relations bienveillantes; — l'air suave et embaumé par les fleurs printannières annonce une vie paisible, le succès dans les affaires, 57, 84. | Songer que l'on voit pleuvoir doucement sans orage et tempête, ni vent excessif, annonce gains et profits aux laboureurs, 86, 93. | Les grandes pluies, les orages, les vents excessifs annoncent aux marchands, aux artisans et aux manœuvres des gains inattendus provenant d'affaires embarrassées, 71, 82. | La grêle et le tonnerre annoncent le repos aux pauvres gens, 21. | Lorsque, en songe, on voit la neige et la glace, si l'on est en hiver, cela annonce de l'argent; si c'est en été que l'on fait ce rêve, cela dénote bonne récolte aux laboureurs, et annonce que la saison sera féconde de toutes les manières; pour les militaires cela présage une bonne chance à la guerre; pour les marchands, ils y peuvent pronostiquer le bon succès de leur commerce, 14, 20, 41. | Vous redouterez le trouble et la tristesse si vous songez que vous voyez de la grêle. Si vous rêvez que vous mangez la grêle qui tombe, vous en tirerez la conclusion que vous aurez le honheur de découvrir bientôt une multitude de mensonges dont vous aurez été la victime, 25, 33, 43, 51, 67. | Les puissants de la terre, les roi et les princes ainsi que les ambassadeurs, doivent redouter de songer qu'ils voient tomber auprès d'eux la foudre sans tempêtes du milieu d'un ciel bleu; celui qui fait ce songe est menacé de quitter le pays sans trompette, 21, 33. | Songer qu'il pleut des crotins de cheval dénote un grand danger, 27, 41. | Rêver qu'il pleut des ânes, annonce qu'on jouira de l'estime universelle, 45, 77, 81. | Si l'on rêve qu'on ramasse une pluie d'or, on est sûr d'être trompé par sa femme; si c'est une pluie de cornes, on peut en augurer qu'on trouvera très-prochainement un grand trésor; s'il pleut des hallebardes, ce sont des lettres d'amour qui sont au moment d'arriver; s'il pleut des crottes de chat, on sera courtisé par les plus belles femmes ou par les plus beaux garçons des pays, 24, 37. | La pluie de perdrix rôties annonce infidélité d'amant ou de maîtresse; la pluie de poissons pourris annonce qu'on aura beaucoup d'enfants, 27, 41, 59. | S'il pleut des seringues, on est sûr qu'on aura deux filles jumelles, 64, 85, 99. | Si le tonnerre tombe sur votre maison, cela dénote que vous n'avez aucun danger à courir; s'il tombe dans le vase de nuit, cela doit vous pronostiquer les plus idéales amours, 19, 34, 48. | Si la foudre tombe sur votre tête, vos amours seront partagées, mais votre femme deviendra folle ou bien votre mari perdra la tête, 43, 57, 62, 97. | L'air chargé de brouillard, annonce une perfidie, 33. | Voir des femmes en l'air vous indique qu'il faut redouter qu'elles vous tombent sur les bras; les voir pendues : bonne affaire 42, 27, 33.

AJUSTEMENT : succès en voyage, 81.

AJUSTEUR (de poids) : fraude, ruine, 32.

ALAMBIC : inquiétudes, tourments, 24, 82. | Être changé en alambic : plaisirs d'amour suivis de remords, 25, 47.

ALARME : crainte pusillanime, 81.

ALCHIMIE · grosse affaire et succès certain, 47.

ALCOVE : soyez prudent, on cherche à découvrir vos secrets, 29.

ALGER : plaisirs d amour, 33, 47.

ALGÈBRE : heureuse spéculation, 4, 11.

ALIMENTS. Si on les prépare : on aura beaucoup d'enfants, 43, 51 ; — si on les offre : c'est un mariage qui se prépare, 32, 59 ; — rêver qu'on n'en peut plus prendre : maladie chimérique, 27, 53 ; | rêver qu'on mange dans un vase de nuit : grande satisfaction, 7, 15, 41 ; | si l'on mange de l'or : cela dénote qu'on sera volé par un usu-

rier, 47. | Voir une douairière donnant la soupe à un chien: prodigalité et avarice, 22, 33.

ALLAITER : source et présage d'une grande joie, 19.

ALLEMAGNE. La visiter : dénote un bon renseignement, 29. | Voir un Allemand qui mange de la choucroute, annonce un voyage agréable, 32, 51. | Voir une Allemande qui fait un pet : présage d'une vie de famille excellente, accompagnée de tous les bonheurs de ménage, 33, 57.— Voir deux Allemands qui s'embrassent : annonce dévouement à toute épreuve, 29, 31.

ALLER (çà et là) : signifie que vous serez dupé, 51, 63.

ALLUMETTES : richesse, trésor, 8, 42. | Rêver qu'on allume les bougies : défiez-vous de votre femme, 25.

ALMANACH : nécessité d'une conduite réglée, 65.

ALORS : amertume, souci prochain, 24, 48.

ALOUETTES : élévation rapide, 10, 38.

ALPHABET : craignez une vipère qui doit vous mordre quand vous irez à la campagne, 7, 92.

AMADOU : vous vous brûlerez dans la journée, 21, 45.

AMANDIERS : jeunes amours, 31. | Manger des amandes : votre fils fera des dettes, 87. | Amandes amères : amitié solide, 41.

AMARANTHE (fleur) : ennui partagé, 22.

AMAZONE : votre frère vous vole, 5.

AMBASSADEUR, AMBASSADRICE : vos affaires sont confiées à des traîtres, 52, 63, 74, 85, 96.

AMBITION : redoutez les voitures où vous monterez, 51.

AMBRE : bonne fortune, 33.

AMBRETTE : amours secrètes, 47.

AMBROISIE : votre sœur vous trahit, 50.

AMBULANCE : perte d'héritage, 22; — vide : souci prochain, 42, 37; — encombrée de blessés : mort violente, 30, 45.

AME. En voir une qui monte au ciel : regrets amers

d'un bonheur perdu, 21, 34; voir des âmes en enfer : guérison assurée, 37, 92.

AMENDE. La payer : profit, 85; — y faire condamner quelqu'un : procès chanceux, 83, 87.

AMÉRIQUE : présage d'indépendance, 42. | Américain : bonne amitié, affaires profitables, 27, 31.

AMEUBLEMENT (riche) : annonce vanité punie, 32, 47. —Pauvre : il vous présage de malheureuses amours, 47, 51.

AMITIÉ : mauvais services qui vous perdent dans l'opinion publique, 62, 81. | Rire avec ses amis : rupture prochaine, 12, 61.

AMIDON : duperie, 47. | Amidonnier : on vous nuit sans que vous le sachiez, 21, 32.

AMIRAL : commerce manqué, 31; — le voir dans une bataille navale : on sera coulé à fond, 43.

AMNISTIE : jouissances prochaines quand vous rentrerez chez vous, 49.

AMOLLISSEMENT : gain commercial. 27.

AMOUR : félicité sans mélange, 41. | Amourettes : bon succès dans les affaires, 37. | Voir des amoureux heureux : bataille et défaite, 29; — les voir se battre : duel avantageux, 51. | Songer qu'on est amoureux : inquiétudes prochaines, 83; — d'une brune : on aura les jambes cassées dans un prochain voyage, 2, 11;—d'une blonde : on sera trompé à faux poids en achetant une marchandise quelconque, 5, 9; — ni brune ni blonde ou châtaine : bonne chance si l'on sait s'y prendre, 22. | Rêver de son bon ami : plaisir mêlé d'incertitude, 1, 22. | Rêver qu'on est aimé d'un brun: annonce qu'on deviendra toqué, 23; — d'un blond : qu'on sera bossu par accident, 3, 7; —d'un amoureux qui n'est ni brun ni blond : qu'on entamera prochainement une affaire difficile, 39, 43, 51. | Rêver qu'on éprouve un amour partagé ; annonce infidélité de ses associés dans le commerce, 23, 37 ; — si l'on est repoussé ; cela annonce qu'on essaiera des affaires nouvelles qui auront le plus grand succès, 4, 19. | Les rêves d'adultère sont d'ordinaire un présage des plus favorables, 2, 19.

| Si l'on songe qu'on est amoureux du diable : c'est une bonne affaire qui est en vente; si c'est d'un chien coiffé ou d'une chèvre travestie en femme : un grand héritage vous est réservé, 33, 81.

AMPHITHÉATRE : ne visez pas au delà de votre sphère ou de votre rang, 21.

AMPOULE ; escroquerie, arrestation, 30.

AMUSEMENT : défiez-vous, 42.

ANALYSER : espoir trompeur, 27.

ANANAS : peine et chagrin, 49, 61.

ANATOMIE : guérison de toutes les maladies, 50.

ANCHOIS : bonne fortune, 14, 18 ; — en manger : amourettes ; — en vendre : ruine, 9, 48.

ANCRE : nouvelles inespérées, 22, 33, 44.

ANDOUILLE : inconduite et misère, 13, 85.

ANE : science et courage, 32, 61. — Assis sur son cul : patience au travail, 28, 43. — S'il est blanc : retard de nouvelles, 52, 67 ; — s'il est gris : amours heureux, 22, 49 ; s'il est rouge : votre femme vous trompe, 67, 81 ; — s'il est noir : vous aurez sur la tête un coup de bâton dans la journée, 99.

ANESSE : ennui ou retour d'une lettre attendue, 52, 62. | Entendre braire un âne : médisance, 62.

ANÉVRISME : arrivée d'un ami longtemps attendu, 81, 63.

ANGE : accroissement d'honneurs et de richesses, 3, 33, 90. | Voir voler des anges : heureuse nouvelle, 47, 74 ; — si ces songes sont fréquents, c'est mauvais signe. pour votre cervelle et la preuve que vous êtes bien prêt de radoter, 31, 73.

ANGÉLUS : Dieu bénit vos entreprises.

ANGLETERRE : indépendance, 32, 61. | Voir des Anglais et des Anglaises : heureux avis qu'il vous sera profitable d'écouter, 41, 89,

ANGOISSE : réussite certaine, 22.

ANGUILLE : finesse et malice de femme, 69, 82.—Si vous la prenez vivante : ruse dont vous ne serez pas victime, 39, 97 ; — morte : souffrance, chagrin, 21, 57.—Si vous la manquez ; déception d'amour, 15 ; — si vous la mangez: plaisir délicat qui vous attend dans la journée, 1, 22.

ANIMAUX (en troupeaux de sortes diverses) : abondance en marche, prospérité, 39, 87. | Animal quelconque : nouvelles d'un absent, 23. | Nourrir des bestiaux : fortune, 4, 22, 88 ; — leur parler : mal et souffrance, 7, 22.

ANIS : présent qu'on vous prépare, 29, 63 ; — en fleur : bonne action que vous ferez, 3, 17 ; — confit : soyez plus soigneux dans votre commerce, 81. | Anisette en boire : douce gaieté, 29.

ANNEAU : amitié, mariage, 24.—Le rompre : amitié trompeuse, 49.

ANNÉE : brouille, 29.

ANNIVERSAIRE : querelle de famille, 98.

ANSE : protection, 32.

ANTICHAMBRE : profit inespéré, 61.

ANTIMOINE : tristesse, 27.

ANTIQUAIRE : présage d'une longue vie, 24.

ANTIQUITÉS : héritage, 39.

ANTRE : piége, 52.

ANUS : abandon de vos amis, 4.

APLOMB : en avoir : emprunt qui ne sera pas remboursé, 27; — le perdre : chute grave qui vous attend, 7, 19.

APOTHICAIRE : fraude, 63.

APPARITION : mensonge et vol, 57.

APPÉTIT : départ d'amis , 60.—En manquer : mauvaise nouvelle 7, 9.

APOTRE : mauvaise chance, 34.

APOPLEXIE : vos intérêts sont menacés, 42.

APPARTEMENT. — riche : vanité ; — pauvre : succès certain, 49.

APPELER : affaire désagréable, 33.

APPESANTISSEMENT : mariage malheureux, 3.

APPOINTEMENTS. Les recevoir : signe de succès, 29; les dissiper : misère prochaine, 78.

APLATIR : vengeance, 79.

APPORTER : riche avenir, 1, 12.

APPRENDRE : réussite, 12, 24.

APPRENTISSAGE : tourment de peu de durée, 25, 36.

APPROVISIONNEMENT : patrimoine perdu, 37, 48.

AQUEDUC : fortune patrimoniale, 6, 15, 72; — en ruine : défiez-vous de vos amis, 25.

ARAIGNÉE : trahison, 5, 6; — en manger : procès,

82; — en tuer : perte d'argent, 77, 81. | Coucher avec une araignée : agrément considérable, 16, 82.

ARBALÈTE : progrès rapide, 19.

ARBITRAGE : procès perdu, 21. | Arbitres : discussion et procès.

ARBRE abattu : malheur prochain, 2, 13; — debout : gloire, 14, 25; — touffu : protection. 36, 47; — y monter : succès périlleux, 58, 69; — en tomber, 70, 81. | Arbre en fleurs : amours prochaines; — en fruits : bonheur en ménage, 21; — frappé de la foudre, 4, 15. | Arbrisseau : maladie, 16, 27; — fleuri : on aura trois jumeaux dans l'année, 4, 17. — Songer que l'on voit un beau chêne, signifie richesse, profit et longue vie, 21, 64. — Voir un olivier avec ses olives, dénote paix, douceur, concorde, liberté, dignité et jouissance dans ses désirs, 3, 7, 21. — Songer qu'on amasse des olives sur la terre, signifie travail et peine, 7, 60, 80. — Voir un laurier, est signe de victoire et de plaisir; et si l'on est marié, cela dénote qu'on héritera de quelques biens à cause de sa femme, 1, 30, 40. — Voir un cyprès, dénote chagrins, afflictions et retard dans ses affaires, 42, 61. — Voir un pin, un néflier, un cormier, signifie paresse, 1, 49, 61. — Voir des pommiers, et manger des pommes douces, signifie joie, plaisir et récréation, surtout aux femmes et filles; les pommes aigres dénotent querelles et sédition, 31, 64, 89. — Voir et manger des amandes, des noix et des noisettes, signifie troubles et difficultés, 41, 62. — Songer qu'on voit des figues dans leur saison, signifie joie et plaisir; hors de saison, cela dénote le contraire. 4, 31, 64. — Voir la vigne, signifie abondance, richesse et fécondité, 4, 21.

— Songer qu'on mange des raisins mûrs, signifie joie et profit, 21, 64, 82. — Songer qu'on voit ou qu'on mange des oranges, signifie plaies, douleurs et fâcheries; les mûres dénotent la même chose, 3, 7, 40, 97. — Les pêches, les abricots, et autres semblables fruits en leur saison, dénotent, à celui qui songe les voir ou les manger, contentement, santé, et plaisir; que si on croit en manger hors de leur saison, cela signifie vaines espérances et mauvais succès dans les affaires, 21, 64, 72. — Voir ou manger des poires mûres, signifie joie et plaisir; si elles sont âpres et sauvages, c'est le contraire, 4, 22, 60. — Si on songe voir un mûrier, cela signifie abondance de biens et d'enfants, 3, 30, 40. — Songer voir des mûriers, des amandiers, et qu'on mange leurs fruits, signifie richesse et contentement acquis avec peines et travail, 4, 7, 20, 60, 99, 100.

ARC : incertitude, 4. | Tirer de l'arc : consolation, 15.

ARCADE : ruine, 78.

ARC-EN-CIEL : bon signe au matin, 5, 9;—dangereux le soir, 16, 27; — du côté de l'orient : richesse, santé, 45;—sur la tête : bon présage, à moins qu'on ait les côtes rompues dans la journée, 38. 49.

ARCHE : flatterie à redouter, 19, 45.

ARCHEVÊQUE : danger de nuit, 63, 83.

ARCHITECTE : prospérité, 28, 39. | Architecture : malheur prochain, 40, 51.

ARCHIVES : dispute d'héritiers, 25, 35. | Archiviste, mort prochaine, 4, 20.

ARDOISE : obstacles imprévus, 81, 92.

ARÈNES scandale, 46, 57.

ARÊTES ; ennuis, réussite difficile, 68, 79.

ARGENT. En compter : gain considérable, 3, 14; — en ramasser : revers et ruine, 25, 36; — en voir : colère, 47, 58; — en manger : pertes prochaines, 69, 80; — en digérer : provision en bon endroit, 21, 97.

ARGENTERIE : misère : 2, 91 ; la vendre : amélioration d'affaires, 13, 24; — en acheter : friponnerie, 25 36; — en échanger : désespoir, 47, 58; — en trouver ruine, 59, 61 | Argent en lingot : économie, 72, 83; — argent vif; changement de fortune, 4, 5.

ARGILE : santé nouvelle, 7.

ARGOUSIN : amitié, 9, 11, 45.

ARGUMENTER : tromperie d'amis, 19, 33.

ARIDITÉ : bonheur d'amour, 44.

ARITHMÉTIQUE : cadeau que vous payerez cher, 21, 92.

ARLEQUIN : plaisirs d'amour suivis d'inconstance, amours enivrants avec un cœur changeant, 33, 57. | Être travesti en arlequin : gain considérable, 1, 40.

ARMÉE : ruine et désolation, 15, 61; — rangée en bataille : dilapidation de vos biens par ceux à qui vous les avez confiés, 86;—victorieuse : tristesse et chagrin, 60, 80;—vaincue : mécontentement de courte durée, 59, 71.

ARME : mensonge dont vous serez dupe, 5, 81.—En être blessé : guérison, 19, 45;—en recevoir : honneur et gloire, 19, 27; — en tenir en main : succès, 25, 59. | Faire des armes : convalescence et santé, 5, 31.

ARMÉNIEN : curiosité de femme, 2, 45.

ARMOIRE : richesse, 3 ; — pleine : votre femme vous trompe, 17, 41; — vide : vous serez blessé dans une querelle.

2

ARMOIRIES : misère et mensonge, 51.

ARMURE : précaution nécessaire, 24. | Armurier : danger terrible et prochain, 59.

AROMATES : tromperies, 53, 61.

ARPENTAGE : bonheur domestique, 99.

ARQUEBUSE : action éclatante, 17, 31. | Arquebusier : concurrence à éviter, 51.

ARRACHER : récompense méritée, 29.

ARRÊTER. Voir arrêter quelqu'un : appel à notre dévouement, 1, 12. | Être arrêté : vertu mal récompensée, 13, 24. | s'arrêter : affront que vous recevrez par erreur, 25, 36.

ABRHES : cadeau qui coûte cher, 27, 38.

ARRIVÉE : grande nouvelle, 1, 15 ; — d'un ami ou d'un parent : trahison, 6, 17 ; — d'une personne aimée : séparation, 45, 62.

ARRONDIR : profit trompeur, 60, 89.

ARROSER : profit, 19, 95 ; — des fleurs : bonheur d'amour, 25 ; — des légumes : danger imminent. | Arrosement : larmes et tristesse, 27. | Arrosoir : perte d'un objet de prix, 49, 51. | Voir arroser : mauvais présage, 77, 89.

ARSENAL : discorde entre parents, 28, 64 ; — plein : bruits de guerre, 61, 88 ; — vide : naissance de beaucoup d'enfants, 16, 89 ; — en feu : vous serez bossu, 59, 67.

ARSENIC : indigence, bonne santé, 5, 9 ; — en recevoir d'un ami : récompense de toutes vos vertus, 7, 41 ; — en donner : concurrence dans une bonne action, 25, 57.

ARTICHAUTS : chagrin, 33, 41 ; — frits : contrariété.

ARTIFICES : service d'ami fidèle, 12, 46.

ARTIFICIEL : promesses menteuses, 51.

ARTISANS : courage et travail, 22.

ARTILLERIE ; beaucoup de bruit et de désastre, 1, 32.

ARTISTES : intelligence, gaieté, richesse, 27, 39. | Peintres : moquerie, 19. | Musiciens : caquetage, 39. | Sculpteurs : pédantisme, 3, 29, 51. | Réunion d'artistes : vanité froissée, conversation féconde, 63, 82.

ASCENSION : grandeur éphémère, 27, 49 ; — sur une montagne : votre femme vous trompe, 19 ; — en ballon : chagrins domestiques, 21.

ASILE : heureux avenir, bonheur sans mélange, 40.

ASPERGES : travail, récompense, succès, 1, 3, 7 ; — en cultiver : bonheur prochain, 22 ; — en manger : joie de famille, 41, 57 ; — en vendre : récompense, 63, 89.

ASPERSION : rêve d'amour, 43.

ASPHYXIE : gain considérable, 82.

ASPIC : argent, association avantageuse, mariage d'argent, 89, 97.

ASSAILLIR : renommée d'honnêtes gens, 23, 61.

ASSAISONNER : mort d'un frère qui vous enrichira, 21, 34.

ASSASSINAT : convalescence, 29, 33. | Assassins : prochaine réunion avec vos plus chers parents, 49, 52.

ASSAUT : guérison, 49.

ASSEMBLÉE : profit pour tout le monde, 1, 17 ; — de juges : mariage manqué par médisance, 5, 81 ; — d'hommes : défiez-vous de vos rivaux, 22, 33 ; — de belles femmes : mariage où vous serez la dupe, 41, 59.

ASSEOIR (s') : prochain revers de fortune, 16, 5.

ASSIÉGER : vous marchez à votre ruine, 3, 17.

ASSIETTE : bon présage, 4, 15.

ASSIGNATION : lettre anonyme dont il vous faut défier, 5, 19; — l'envoyer : vos enfants seront ingrats, 6, 30; la recevoir : duel ou querelle, 9, 29.

ASSISTANCE : revers terribles, 15, 61;—la recevoir : succès prochain, 4, 12; — la donner : procès prochain, 7.

ASSOCIATION : projets avortés, 23, 27; — avec un homme : concurrence fatale, 51, 72; — avec une femme : mariage sans enfants, 19, 89, 99.

ASSOUPISSEMENT : résurrection de tous vos bonheurs enfuis, encouragement après le désespoir, fortune après la ruine, 21, 32, 45.

ASSURANCE. Rêver qu'on est assuré : défiez-vous de vos placements d'argent, 52, 63, 75.

ASTHME : trahison que vous découvrirez et que vous déjouerez, 1, 22, 33.

ASTROLOGUE : bon succès, 3, 2, 14.

ASTRONOMIE : élévation, renommée, 7, 21.

ATELIER : perte d'emploi, 45, 73; — vide : tristesse, ennui, 41;—en activité : récompense, 47;— incendié : gloire et récompense, 51.

ATHLÈTE : affaires aventureuses, négociations pleines d'aventures, 33, 72.

ATRE : joies domestiques, 59.

ATTACHER : embûches qu'un ennemi vous prépare, 22.

ATTACHEMENT : dénonciation, 33, 44, 55.

ATTAQUER : souffrance, misère, 7, 99.

ATTELAGE : naissance, 1, 98. | Atteler : enfantement prochain, 7, 22, 48.

ATTENDRE : illusions, temps perdu, 2, 13.

ATTENTION : courage et espérance, 24, 35.

ATTOUCHEMENT : sagesse et douleur, 46, 57.

ATTROUPEMENT : imbécillité, lâcheté, 68, 79.

AUBADE : effroi, menace d'un danger imminent, 42, 51.

AUBE (du jour) : bon présage, 39, 60; — de prêtre : mauvais présage, 51, 62.

AUBÉPINE : fidélité de ceux qui vous aiment, 1, 12; — en fleurs : fiancée sage et pieuse, 42, 59; — en feuilles : sagesse de l'épouse que le ciel vous a donnée, 4, 72; — en bouquet : premières palpitations d'amour de celle qui vous aime, 31, 64.

AUBERGE : chance excellente, 12, 31; — vide : vos affaires sont en bonne voie, 45, 72; — pleine : vous trouverez un trésor, 51, 94. | Aubergiste : présage favorable, 4, 7, 15.

AUBIER : solitude, tristesse, 42, 58.

AUDACE : bon augure, tout vous réussira, 47, 51.

AUDIENCE (être reçu en) : bénéfice, 41; — (entrer en) héritage, 87; — d'un souverain : bénéfice de vanité, 4, 7, 15; — d'un grand personnage : démarches inutiles, 27, 60.

AUDITOIRE : respect du public, estime de soi, 20, 40.

AUGE : vices crapuleux, 2, 19.

AUGMENTATION : humanité bienfaisante, 31, 57.

AUMONE. La faire : dignité, 20; — la recevoir : héritage, 40, 51, — la demander : aventures d'amour, 21, 32.

2.

AUMONIER : complaisance et bonne chère, 37.

AUNE : héritage important, mais mêlé de procès, 4, 7, 40.

AURORE : espérance radieuse, 32, 77 ; — la voir lever : augure excellent, douce espérance de toutes les joies sacrées de la maternité, 5, 30, 40 ; — aurore boréale : soyez économe, 4, 20, 50.

AUTEL : extases saintes, 89 ; — en bâtir : allégresse, 27, 65 ; — les voir renversés : signe très-favorable aux entreprises scientifiques, industrielles et commerciales, 5, 23, 41.

AUTO-DA-FÉ : deuil et sinistre, 51. | Voir brûler un homme en public : misère, désolation, 60, 80 ; — une femme : abomination et déshonneur, 4, 32.

AUTOMATE : votre enfant sera espiègle et laid comme un singe, 44, 63.

AUTOMNE : héritage, bonheur domestique, 19, 49.

AUTRUCHES : grande douleur à propos de rien, 4, 7 ; — en voir plusieurs : voyage lointain et périlleux, 5, 19.

AUVENT : protection profitable, 4, 17.

AUVERGNAT : peu de goût pour les beaux-arts, nostalgie, 42, 97.

AVALER : ruine complète, 4, 7, 20.

AVANCER : votre frère est un voleur, 5, 9, 30.

AVANIE : trésor caché, 3, 19.

AVARICE : héritage que vous perdrez dans une fausse spéculation, 4, 15, 49. | Voir un avare près d'un coffre-fort et comptant ses écus : succession prochaine, 75, 90.

AVARIES : chances inespérées dans des affaires négligées par vos commettants, 42, 51.

AVENUE : rapprochement prochain avec une personne désirée, 1, 32, 62.

AVEUGLE : fourberie d'ami, 4, 7; — le devenir : danger de trahison, 22; — l'être de naissance : défiez-vous de tout le monde, vous n'avez autour de vous que des indifférents ou des ennemis, 51, 72.

AVIRONS : mesurer toutes vos paroles, 24, 33.

AVOCAT : faillite, 1, 3, 7.

AVOINE : bénéfice, richesse, 5, 30, 90.

AVORTEMENT : peines de cœur sans espérance, 32, 44, 50.

AVRIL : réussite de tous vos désirs, bon succès de tous vos projets les plus chers, 1, 27, 41.

AIEUL : amour et respect, 42, 51; — aïeule, tendresse ineffable et pure, 63, 81.

AZUR : espérances trompeuses, 5, 22, 39.

B : contestations sur des bagatelles, amertume de cœur, 41, 67.

BABIL : procès scandaleux, 31, 63.

BABILLARD. Vous épouserez la meilleure des femmes, 41, 59. | Babillarde : impatience, tracasserie, 5, 28, 82.

BABILLER : défiez-vous de votre chien, il deviendra enragé, 7, 8, 11.

BABIOLE : vous serez bossu dans votre vieil âge, 59, 62.

BAC : voyage à la campagne, 21, 33.

BACCHANAL : réunion d'amis où il y aura plus de folie que de bon sens, 1, 22.

BACCHANALES. Joie conjugale avec cinq jumeaux pour bouquet, 43, 51.

BACCHANTES : richesse qui vous proviendra de la bonne exploitation de vos vignobles, 32, 59.

BACCHUS : vous mourrez vieux garçon, mais plein de toutes sortes de vices, 3, 17, 57.

BACHELIER : dispute où l'on vous cassera trois dents, 21, 33.

BADAUD : une peine secrète rendra votre tête aussi chauve que votre genou, 52, 87.

BADINER : plaisir d'amour, 21, 33; — avec le chat : vous aurez cinq enfants tous garçons, 52, 63; avec le chien ; vous serez trahi par toutes vos bonnes amies, 5, 11, 30.

BAFOUER : par suite d'une maladie, vous verrez vos ongles s'allonger comme ceux des orangs-outangs, 33, 39.

BAGAGE : vous aurez la pituite, 22, 31.

BAGARRE : la gravelle vous fera souffrir; mais par compensation, vous aurez une femme méchante comme les cinq cents diables, 4, 10.

BAGATELLE : vos domestiques feront votre richesse par leur ordre, leur économie et leur fidélité, 3, 7, 11.

BAGUE : bonne compagnie, 32, 98.

BAGUE : amitié ou amour, 29, 92 ; — en or, vous aurez beaucoup d'enfants, 1, 13 ; — en argent : ce seront des filles, 5, 19 ; — en cuivre : ce seront de gros garçons, mais qui naîtront trois par trois et seront gros et forts comme des taureaux, 81, 86. | Recevoir une bague en présent : signe d'amour, 3, 30 ; en donner : fiez-vous au cœur qui vous parle de tendresse, 62, 65 ; — une bague de mariage : votre femme vous donnera des enfants beaux comme les amours, bons comme les anges et nombreux comme les étoiles du ciel, 25, 59 ; — si c'est un ami qui vous met une bague aux doigts par le revers de la main, vous êtes menacé de trahison, 12, 56.

BAGUETTE (divinatoire) : on possède votre secret, tremblez ! 33, 41.

BAIN : santé, élégance, 16, 89. —Le préparer : bataille gagnée, 8, 10. | Voir un bain sans personne qui s'y baigne : bonheur manqué, 25, 53. | Se déshabiller sans entrer au bain, plaisir trompé, 32, 68. | Entrer dans un bain trop chaud ou trop froid : infidélité d'amour, 61, 86. | Se baigner en eau claire : réussite et bonne santé ; — dans la mer : honneur et profit, 25, 59 ; —en eau trouble : bonnes nouvelles des amis fidèles, 16, 19, 49 ; — en baignoire : heureuse vieillesse, 61, 82.

BAIL : liaison dangereuse, procès prochain, 1, 19.

BAILLON : on vous coupera le nez, 89.

BAIN-MARIE : propreté, soin et bonne précaution, 25, 90.

BAIONNETTE victoire assurée, 13, 40.

BAISER : bonne fortune, réussite en amour, 31, 53; — la main d'une femme jeune et belle; contentement assuré, 1, 13; — le visage d'une dame : bonheur caché, 41, 23; — un homme au visage : perfidie, 5, 16, 81; — les mains : bonne fortune, 10, 25; — les pieds : humiliation, 63; — le derrière d'un singe : agrément concentré, 31, 99; — la terre : sage satisfaction pour un cœur pieux qui voit dans la terre notre mère commune, 93, 98; — un mort : acte sacré qui vous réjouira l'âme, 1, 32. | Recevoir un baiser, surprise agréable, 14, 22.

BAL : mariage, 21, 33; — masqué : discrétion et continence, 61, 82; — champêtre : sage récréation de cœurs innocents qui se préparent à l'amour, 26, 52. | Ballet, plaisir des yeux, contentement du cœur, 3, 20, 52.

BALADIN : satisfactions de toutes sortes, 32.

BALAFRE : votre moitié vous sera infidèle, 4, 18.

BALAI : affaires à régler, 3, 19; — de genêt : travail profitable, 17, 41; — de verges : santé, 7, 20. | Balayer : propreté, santé. | Balayeuse : vous vous casserez la jambe en sortant, 29, 32.

BALANCE : justice, honneur, 3, 11.

BALANCER : constante affection, 15, 22.

BALANÇOIRE : mariage heureux, 34. | Se balancer : présage d'une famille très-nombreuse, 45, 62. | Si la corde rompt, vous aurez un garçon dans l'année, 22, 63.

BALCON : bonne fortune, 18, 21; — avec dame, médisance de haut lieu, 43, 51.

BALDAQUIN : péril imminent, 62, 80.

BALEINE de corset : plaisir d'amour, 4, 19 ; — en mer : secours imprévu, 21 ; — échouée : malheur prochain, 3.

BALLE : recette inattendue, 44.

BALLOT : tracas domestiques, 21.

BALLON : projets de succès lointain, 45, 72 ; — y monter, entreprise heureuse de succès, 60, 82 ; | lancer un ballon dans l'air : aventure amoureuse dont vous retirerez de grands avantages, 43, 61.

BALUSTRADE : danger pour votre santé, 4, 17 ; — si elle est rompue votre fortune est faite, 59, 62.

BANAL : futilité, mensonge, 21.

BANC : succès dans le monde, 1, 7 ; — de bois, promesses qui se réaliseront bientôt, 5, 19 ; — de fer : acceptez les cadeaux qui vous sont faits, ils valent mieux qu'ils ne paraissent, 51, 73 ; — d'église : mariage ruineux, 1, 22 ; — de sable en mer : santé, 3, 97.

BANCAL : le succès ne vous sera acquis qu'après nombreux ennuis, 2, 19.

BANDAGES : amis serviables, 9, 69.

BANDEAU : l'amour vous prépare de grandes joies, 23, 72.

BANDER : humanité, assistance réciproque, 32, 41 ; — un arc : justice, amour, 34, 62.

BANNIÈRE : nouvelles de votre infidèle, 4.

BANDITS : sécurité, honneur, 31, 84 ; — s'ils vous attaquent : fortune prochaine, 1, 73 ; — les mettez-vous en fuite : vous deviendrez sourd comme un pot, 15, 21, 22, 41, 63.

BANNISSEMENT : y être condamné ; changement de fortune avec bonheur et succès, 50, 58, 59, — y condamner autrui : malédiction sur vous, 74, 84. | Bannis : voyage heureux et parfaite conscience, 4, 7.

BANQUE : longs malheurs et tardifs regrets, 15, 61.

BANQUEROUTE : heureuse solution de vos embarras.

BANQUET : expédition d'affaires, 31, 55, 64; — nuptial : joie et prospérité, 21, 32.

BAPTÊME : présage heureux, 58, 69; — d'une cloche : affaires d'argent, 31; — d'un vaisseau : voyages inattendus, 7, 26.

BAQUET plein : chagrin, 3, 4; — vide : bonheur, 17, 21.

BARAQUE : votre enfant fait des dettes, 59, 62.

BARBE : force et grandeur, 3, 7; — longue : procès gagné, 6, 8; — courte : duel suivi de mariage, 40, 69, — fraîchement rasée : cuisants souvenirs, 50, 58; — faire la barbe à un derrière de chat ; prochain plaisir d'amour, 7, 30; — à un âne : héritage, 3; — au diable : trésor trouvé, 60, 69, 83; — jeune fille avec de la barbe : votre frère vous trompe, 32; — religieuse avec de la barbe : joies extatiques et pures, 59, 91 ; — faire la barbe à une femme mariée, mauvais signe pour le mari, 7; — si vous voyez que vous avez une belle et grande barbe, c'est signe que vous aurez une conversation qui vous sera très-profitable, et que vous trouverez le secret des difficultés qui vous seront soumises, et que vous aurez du succès dans tout ce que vous entreprendrez, 29, 41, 53, 58, 69, 87; — si c'est une fille qui fait le rêve qu'elle a de la barbe, c'est le présage qu'elle sera mariée selon ses désirs et qu'elle aura des enfants nombreux, 2, 22, 61 ; — si déjà elle est femme, c'est le présage qu'elle sera contrainte de porter la culotte, de gouverner la maison comme si elle était un homme, 25, 32, 44, 68, 97 ; — si une femme grosse fait ce songe, elle doit s'attendre à voir naître un garçon, 31, 49 ; — quand on rêve que l'on perd sa barbe, ou qu'on songe que quelqu'un l'ait arrachée ou rasée, cela dénote perte de biens, succès d'affaires, mort de parents, 69, 71, 82, 97, 99. | Barbier : cancan dangereux, 31, 42. | Femme de barbier : tribulations, vous échapperez difficilement aux piéges qui vous sont tendus, 4, 9, 11, 97. | Laver sa barbe : tristesse, maladie, 14, 31 ; — la voir sèche : joie. | Voir une barbe d'or dénote la couleur des attraits cachés de la femme qu'on épousera ; la voir d'argent, indique qu'on sera trompé sur la qualité des cheveux de sa fiancée, laquelle portera partout du toupet, 13, 69, 78, 97, 99.

BARBET : favorable présage, 6, 30.

BARBOT : revers importants, 5, 7, 40.

BARBOTER : danger redoutable. brutalités dont vous serez victime, 4, 9, 32.

BARBOUILLER : trahison, 3. | Être barbouillé : grossièreté, 17. | Voir des barbouilleurs salir leur ouvrage : deshonneur, 41, 53.

BARIL : abondance, 3, 32,

BARIOLER : inconstance, 31, 47.

BAROMÈTRE : trahison des gens à qui vous confiez vos affaires, 51, 63, 89.

BARON : fausse protection dont vous serez la dupe, 40.

Baronne : imbécilité, mensonge, lâcheté, 3, 21, 43. | Baronnie : mauvaises affaires, 31, 62.

BARQUE : probité, 33 ; — échouée : misère, 21.

BARREAU : péril imminent, 15, 31.

BARRES : amitié rompue, 37.

BARRICADES : mauvais commerce, 34, 53. | En élever : péril extrême, querelles de famille, présage de grand chagrin, 38, 59. | Barricader la porte : succès certain, 3.

BARRIÈRE : amour rompu, 22.

BAS : affront, argent perdu, 7, 14 ; — de soie : luxe de courte durée ; 31, 42 ; — de coton et fil : modeste aisance, 57, 81. | Oter ses bas : retour d'aisance, 6, 19 ; — les mettre : argent perdu, 9 ; — les voir percés : apparence trompeuse de richesse ; — troués et rapiécés, courage et persévérance, 31.

BASCULE : perte dans le commerce, 59, 63.

BASILIC (herbe) : amertume, 3, 17, 21 ; — serpent : confiance dans vos amis, 33, 51.

BASSE-COUR : richesse prochaine, 22, 4 ; — la soigner : travail et récompense, 25, 31 ; — la négliger : mariage manqué, 1, 29.

BASSIN : surprise agréable, 32, 67.

BASSINOIRE : nouvelle avantageuse, 3, 25 ; — avec du feu : vous serez aimé de ceux qui vous entourent, 19, 40 ; — si elle est usée et brisée, cela annonce que vous aurez des enfants jusque dans l'âge le plus avancé, 41, 53.

BASSINET : gain de procès, 1, 22. | Cracher au bassinet : perte de votre fortune, 3, 81.

BASTILLE : trésor trouvé, 5, 17.

BASTION : vous avez des domestiques fidèles, 3, 40.

BATAILLE : mauvais augure, 19, 32 ; — navale : retour de fortune, 3, 5, 19 ; — de femmes : médisance et cancans, 45, 75 ; — d'enfants : gaspillage de votre santé et des plaisirs d'oreiller, 2, 47. | Champs de bataille : chagrins et peines, 7, 41.

BATARD : tendresses intimes, 21, 32. | Bâtardise : enivrement d'amour, 45, 72.

BAT : trahison, 21, 37.

BATEAU : profits nombreux et faciles, 60. | Batelet : procès gagné, 51, 62. | Batelier : amours pures et idéales, 62, 80. | Voguer sur une onde pure, fraîche et claire : pronostics d'une p ssion naissante, 4. | Être en bateau pendant la tempête : fidélité des amis pendant nos traverses, 53. |

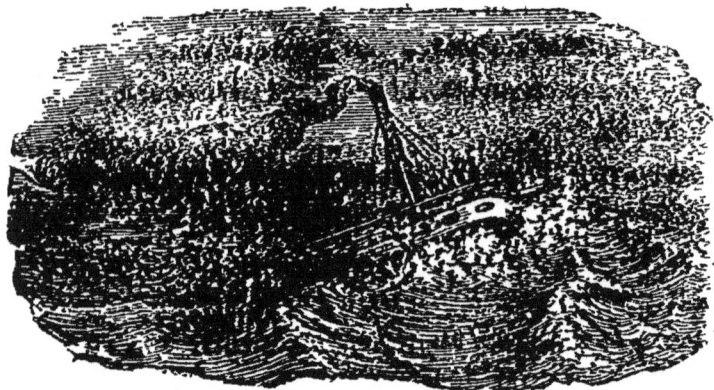

Si vous rêvez que vous sauvez une femme tombée à l'eau : faveurs éphémères, 61, 44. | Batelière : bonne santé pour le garçon qui vous naîtra, 51, 62. | Si la batelière vous regarde avec bienveillance : prenez courage et bon espoir, 25, 61 ; — si elle vous adresse de douces paroles : faites une aumône, cela vous portera bonheur, 45, 72; — rêver lui parler avec respect annonce l'éducation, le savoir-vivre et les usages du monde, 29, 69; si au contraire on lui parle d'une manière impolie. c'est l'indice de la brutalité, de la grossièreté et de la plus mauvaise éducation, 3, 29, 41, 63, 81, 97. | En général, tout plaisir, tout agrément, tout voyage en bateau, est un présage favorable, surtout pour des procès ou des affaires embarrassées; s'il est heureux : prospérité; s'il est funeste : vous aurez un nouveau-né : bonne santé si c'est un garçon; félicité passagère, si c'est une fille; bonheur dans un ménage, si ce sont des jumeaux, 45, 49, 61, 82, 99, 100.

BATIMENT : prospérité, retour à la fortune, 1, 23, 85; — en langage maritime : chance incertaine, 21, 33.

BATIR : abondance, 15, 19, 86; — une maison : ennui, perte, maladie, mort, 4, 26, 60; — un tombeau : amours divines, fidélité éternelle à tous ceux que vous aimerez, 8, 89; — des autels ou une église : grand péril pour le rêveur, 15, 27, 82.

BATISTE (toile de lin) : craintes mal fondées, 86, 90; — s'en faire donner : nécessité d'une conduite plus réglée, 6, 65; — en vendre : élévation rapide, 10, 38; — en acheter : soif ardente, 83, 71.

BATON : résistance imprévue, 40, 41, 88; — s'appuyer dessus en marchant : infirmité, maladie, 81, 89, 90; — en frapper un inconnu : domination, profit, 15, 19, 29, 40. | Bâtons : prudence, précaution, 7, 25, 07. | Tenir une baguette : très-triste, 5, 30.

BATTANT (de cloche): plus de bruit que de besogne, 81, 93.

BATTEUR de grains : plaisirs champêtres, 3, 17; — d'or : signe assuré que l'on vous trompe, 4, 21, 64.

BATTOIR : malheur qui vous arrivera subitement, 4, 6, 40, 51.

BATTRE : emportements auxquels il sera prudent de mettre un frein, 42, 63 ; — la laine : malédiction, 4, 21 ; — son mari : crainte de la femme et amour du mari, 9, 26, 52 ; — son amant ou sa maîtresse : danger d'être prochainement découvert, amours troublées par quelque incident, 2, 59, 62, 92. | En être battu : mystère impénétrable, 90. 99, 100.

BAUDRIER : fatigue en pure perte, 41, 62.

BAUME : bonne réputation, 3, 27.

BAVAROISE : union avec une étrangère, 41, 53.

BAVER : Dénonciation, intrigue, 5, 21, 49.

BAZAR : orgueil châtié, 39, 62.

BEAUCOUP : en général, la quantité que signifie le mot beaucoup n'est pas un mauvais signe, 41, 63, 81. | Voir beaucoup de femmes : grâce et fécondité, 42, 61 ; — de monde : fortune, 41, 57 ; — de noix : travail et récompense, 29, 30 ; — de noisettes : amourettes, 3, 4 ; — de poules : fécondité ; — de prêtres : maladie prochaine, 20, 40 ; — d'ânes : on entrera à l'académie, 1, 29, 47, 62.

BEAU : bon signe, 5, 7, 29. | Rêver qu'on porte de beaux habits : pauvreté, ruine, 5, 31, 43. | Rêver beau-fils : ingratitude, 42, 62 ; — beau-frère : dissensions, rivalité, 5, 29 ; — beau-père : toujours mauvais signe, 41, 53 ; — beau temps : indiscrétion nuisible, 61, 89.

BEAUTÉ : jalousie pour une femme vieille et laide 51, 63.

BÉCASSINE : affection mal placée, 62, 81.

BEC-FIGUE : parure et gourmandise, 2, 29.

BÊCHE : travail pénible mais fructueux, 41, 63.

BÊCHER : récolte ou commerce prospère, 2, 15, 32.

BÉGAYER, BÈGUE : résolution prompte et invariable, 8, 26. | Voir bégayer : naissance d'un enfant chétif, 4, 21. | Voir une femme bègue : indiscrétion nuisible, 41, 62.

BÉGUIN : vives contrariétés, 4, 21.

BEIGNETS : prochaine réunion de famille, 53, 61.

BÊLEMENT d'agneaux ; caquets inoffensifs, 1, 93.

BELETTE : votre femme fera votre malheur, 16, 19. | En voir plusieurs : amitié pour une méchante femme, 51, 62.

BÉLIER : être heurté par un de ces animaux : châtiment ou affliction venant du souverain, ou simplement d'un supérieur, 51, 61 ; — en trouver le foie, le poumon, la moelle ou les cornes : mauvais augure, 41, 62.

BELLE. Voir un belle femme en rêve : est un heureux présage, 41, 33 ; — se trouver avec sa belle : tentation, 10, 11, 12.

BELLE-FILLE ; tentation coupable, 42, 51. | Belle-mère : monstruosité, vol en famille, 43, 51. | Belle-sœur ; trahison, bassesse, infamie, 41, 83.

BELVÉDER ; élévation éphémère, 61.

BÉNÉDICTION : mort d'une personnne chérie, 40, 52.

BÉNÉFICE ; jonglerie dont vous serez victime, 51, 61 ; — au théâtre : bonne affaire, 57, 89. | Bénéficier ; calme de conscience, 40, 61, 97.

BÉNIR : mort d'un grand parent, 4, 21, 53. | Être béni : joie, 24, 42, 57, 61.

BÉNITIER : tranquillité de l'âme, 81, 100.

BÉQUILLES ; vieillesse heureuse, danger passé, 58, 61. | Jeune fille avec une béquille ; dévouement angélique et que Dieu seul au monde peut récompenser et bénir, 29,

59. | Se moquer de ceux qui portent béquilles ; infirmité, 21, 58 ; — les rompre : rétablissement prochain, 168, 86 ; — marcher avec : perte au jeu, 10, 19, 86, 100.

BERCEAU : bonheur éphémère, 1, 99 ; — avec des enfants : fécondité, 1, 20, 62 ; — de jardin, sans verdure : chagrin, souci, 19, 21, 62 ; — avec de la verdure : mystère amoureux, 4, 22.

BERGAMOTE : douce existence, bonheur sans nuage, 25, 32 ; — en boîte : vous recevrez sous peu un cadeau, 47, 63.

BERGER : héritage, toujours bon augure, 41, 63. | Bergère : mariage prochain et heureux, 49, 72. | Bergeries : soins à donner à ce qui vous intéresse ou amuse particulièrement, 81, 100.

BERLINE : voyage prochain et d'heureux augure, 81, 99.

BESACE : affreuse misère, 4, 27, 30.

BESOIN : garantie pour l'avenir, 21, 30.

BÊTES, — BESTIAUX. Ce que nous avons mis au mot ANIMAUX est de courte explication ; nous avons réservé pour le mot BÊTES ce qui concerne les animaux proprement dits, par la raison que l'homme a été aussi défini « un animal. » Ainsi ce qui concerne l'homme sera spécialement traité au mot HOMME, et ce qui concerne les animaux sera expliqué ici dans tous ses détails. En général les animaux sont un bon augure ; les bêtes à foin dénotent un travail infructueux ; les bestiaux annoncent le bonheur de la famille ; les bêtes à cent pattes pronostiquent le trouble ; les bêtes changées en hommes sont un augure de trouble et d'ennui. Il y a du reste ici une très-grande diversité et nous engageons nos lecteurs à étudier avec soin tous les détails de ce chapitre, un des plus importants et des plus graves pour les gens qui désirent sagement interpréter les songes | Voir courir les bêtes : chagrins amers, 1, 20, 40; — en être poursuivi ; offense de la part d'ennemis, 2, 21;—les entendre parler : tristesse, 3, 4, 6, 62; —leur parler : mal prochain, 4, 20, 51; —se débattre avec elles (surtout si elles sont à quatre pieds) ; souffrance, infirmité, 29, 77, 88, 99, 1. Voir des bestiaux, tels que brebis,

moutons, vaches, chevaux, chèvres, etc.; en avoir une grande quantité : abondance et richesse, 18, 28, 68, 97, 99, 100; — les garder : bonne affaire, 80, 97; — songer voir et posséder plusieurs brebis, moutons, chèvres.

vaches, chevaux, signifie abondance et richesse, 1, 12, 23;
— si quelqu'un songe avoir été heurté par un bélier, c'est
signe qu'il doit craindre d'être puni par son souverain,
41, 52, 63, 74. | L'âne dénote le bon serviteur et l'es-
clave, qui est profitable à son maître; il dénote aussi
l'homme courageux et serviable, 85, 94. | Le mulet signifie
malice et folle fantaisie; il dénote aussi contrariété, 5,
16, 27. | Le bœuf dénote le serviteur fidèle à son maître
et le sujet réduit sous le joug de l'obéissance, 2, 3. | Le
taureau signifie quelque grand personnage, de manière
que si quelqu'un songe avoir reçu du mal ou du bien
d'un taureau, il en recevra de quelque puissant seigneur,
21, 42. | Le cheval est pris en bonne part : si l'on songe
avoir vu ou pris un cheval, ou être monté dessus, cela est
toujours de bon augure, 1, 3, 49; si l'on songe être monté
sur un beau cheval plein d'activité et de courage, et bien
harnaché, on aura une belle femme, noble et bien riche,
pourvu que le cheval ne soit pas à autrui; mais s'il appar-
tient à un autre, on aura de la joie, des biens et de l'honneur, par l'entremise d'une femme étrangère, 45, 62, 83;
si on songe être monté sur un cheval ou sur une jument,
et qu'on passe par quelque chemin difficile et raboteux,
sans que la jument ait bronché, on obtiendra des honneurs,
de la dignité et une bonne renommée, 4, 21; si on songe
être porté par un cheval qui a une grande et longue queue,
c'est signe qu'on sera accompagné de plusieurs amis, qui
nous aideront dans nos entreprises, 21, 32, 44; si le cheval
cloche, on trouvera des obstacles à tout ce qu'on entre-
prendra, 83, 89, 97; si vous songez qu'un autre est monté
sur votre cheval contre votre volonté, cela dénote que

3.

quelqu'un tentera de séduire vos domestiques, 4, 15, 26;
si on est monté sur un cheval adroit, remuant et plein de
courage, on sera honoré du peuple et estimé des grands,
5, 21, 34; si l'on songe qu'on a piqué ce cheval hardiment
et qu'on lui a fait faire tout ce qu'on a voulu, on avancera en
charges et dignités, et l'on recevra des honneurs à propor-
tion de ce qu'il aura fait, 4, 21, 32. | Dans les songes des
rois, le cheval blanc se rapporte à la personne de la reine
qui sera belle et vertueuse, 1, 19, 41; le cheval du roi
étant noir, cela se rapporte à une femme riche et méchante,
21, 47, 62; si l'on songe avoir vu entrer dans sa maison
une jument jeune, fringante, bien harnachée, et por-

tant une femme jeune et belle, c'est signe qu'on se ma-
riera bientôt à une fille belle, jeune et riche, qui rendra
son mari heureux; si c'est une jument sans selle et

qui ne soit pas belle, cela dénote une servante, ou une concubine qui n'apportera rien dans le logis, 21, 33, 41 ; si, étant à cheval, on songe parcourir les rues d'une grande ville, accompagné d'une foule d'individus criant et applaudissant, cela présage qu'on deviendra le chef d'une faction populaire ; aux princes de la famille régnante, ce songe indique qu'ils sont vivement aimés de ceux qui les entourent, 4, 29, 61, 42. | Le chat dénote le larron subtil, de sorte que si quelqu'on songe qu'il s'est battu contre un chat, ou qu'il en ait tué un, il fera mettre en prison un larron et le fera mourir ; que s'il a cru manger la chair d'un chat, il aura les biens de ce même larron qui l'aura volé ; que s'il songe être vêtu de sa peau, il aura également tous les biens du larron, 25, 31, 42 ; si l'on songe s'être battu avec un chat et être égratigné, cela signifie maladie ou afflictions, 25, 39, 60. | Les chiens dénotent fidélité, courage et affection, lorsque nous songeons à ceux qui nous appartiennent ; mais, si nous songeons à ceux des étrangers, cela signifie de dangereux ennemis. Songer qu'un chien aboie et déchire nos habits, dénote qu'un ennemi de basse condition médit de nous, ou tâche de nous ravir notre honneur, 9, 30, 42 ; si un roi ou prince songe qu'on lui a amené plusieurs chiens de différents pays, cela signifie qu'il enrôlera plusieurs guerriers pour aller combattre ses ennemis, 54, 62, 89. | Les pourceaux dénotent les paresseux et les personnes oiseuses qui vivent sans rien faire, et qui, durant leur sale oisiveté, ne songent qu'à s'emparer du bien d'autrui pour en vivre à leur aise. Ils dénotent aussi les avares qui ne servent à rien durant leur vie, et qui, après leur mort enrichissent leurs

héritiers, 6, 25, 61. | Le sanglier dénote un ennemi fu-
rieux et impitoyable, et bien muni de tout ce qui lui est
nécessaire. Si quelqu'un songe qu'il a chassé ou pris un
sanglier, il donnera la chasse, ou prendra quelque ennemi
qui aura les mêmes qualités du sanglier, 88, 99, 100; si
quelqu'un songe qu'on lui a apporté une hure de sanglier,
récemment pris a ia chasse, cela prédit qu'il triomphera
bientôt de son plus puissant ennemi, 69, 97. | Si quel-
qu'un songe avoir tué un cerf, et en avoir eu le bois et la
dépouille, cela dénote qu'il héritera des biens de quelque
vieillard, ou qu'il vaincra des ennemis fugitifs, trompeurs,
craintifs et mal assurés. Les daims signifient à peu près la
même chose, 30, 40.—Le loup signifie un homme avare,
cruel et déloyal, en sorte que si quelqu'un songe avoir
vaincu un loup, il vaincra un ennemi qui aura les mêmes
qualités; mais s'il a été mordu par le loup, ce sera le con-
traire, 29, 30, 40. | Si l'on songe qu'on se bat avec un
renard, on aura dispute avec un ennemi fin et rusé, 31, 62,
44; si l'on songe avoir chez soi un renard privé, on aimera
quelque méchante femme dont on deviendra l'esclave, ou
quelque domestique qui abusera des bontés de son maître,
21, 63, 49. | Il en est à peu près de même des loups-cer-
viers, des fouines et des belettes, 22, 61, 99. | Si l'on songe
avoir vu un ours, cela signifie un ennemi riche et puissant,
malhabile, ridicule, audacieux, 5, 62, 97. | Si l'on songe
voir un éléphant, cela signifie crainte et péril, 21, 32,
64, 82; — si quelqu'un songe être porté par un éléphant, il
obtiendra les biens de la fortune, ou la libéralité d'un grand
seigneur, 2, 17; — si c'est une femme riche et puissante
qui songe qu'elle est portée par un éléphant, peu de temps

après, elle tombera malade, 1, 12, 23 ; si l'on songe qu'on donne à manger et à boire à un éléphant, c'est qu'on servira un grand seigneur et que son service produira du bien,

44, 55, 66. | Si l'on voit des rats faire des remue-ménages dans les caves, cela annonce richesse, 4, 29, 62. | Les songes qu'on fait sur les léopards, ont la même signification que ceux des lions, excepté que les premiers ont plus de ruse et plus de malice que le lion qui est toujours généreux, 4, 9. | Celui qui songe voir un lion, parlera au souverain, ou à quelque grand guerrier, 4, 9, 11; s'il songe qu'il se bat avec un lion, cela dénote qu'il aura quelque querelle et qu'il se battra avec quelque ennemi vaillant; et s'il a songé être victorieux, il le sera effectivement, 22, 31, 42; si l'on songe qu'on est porté sur le dos d'un lion, cela signifie qu'on sera protégé par quelque grand prince, 53, 64, 75; si l'on songe avoir eu peur d'un lion, cela signifie qu'on a mérité la colère du roi; et si le songeur est du sang royal, le roi ne fera que le menacer, 86, 97 ; si quelqu'un songe avoir mangé de la chair du lion, le roi l'enrichira, et le comblera d'honneur, 8, 19, 30 ; si l'on songe avoir trouvé la dépouille, les dents ou le poil d'un lion, et si c'est un grand qui a fait ce songe, il trouvera les trésors de ses ennemis ; si c'est quelqu'un du vulgaire, il deviendra riche en peu de temps, 41, 52, 63 ; si un roi songe qu'on lui amène un lion lié et garrotté, il fera prisonnier quelque puissant ennemi, 73, 84, 95 ; s'il songe avoir dans son palais une lionne avec ses petits, cela signifie la reine et ses enfants qui lui causeront beaucoup de plaisir et lui succèderont, 1, 30, 42. | Toutes sortes de singes mâles et femelles, dénotent des ennemis malicieux, faibles, étrangers et inconnus, 9, 13, 15, 19. | Voir un aigle dans un lieu élevé, c'est un bon signe pour ceux qui veulent commencer quelque grand ouvrage, surtout pour les gens de guerre, 4, 15, 26 ; voir un aigle fondre sur sa tête, est signe de maladie, et il en sera de même, si l'on songe être porté dans les airs par un aigle, 37, 48 ; si la femme songe qu'elle accouche d'un aigle, cela lui prédit que l'enfant qu'elle aura sera un grand personnage, et qu'il dominera sur les autres, 59, 61, 72 ; voir un aigle mort dénote du dommage pour les grands seigneurs et du profit pour les pauvres, 33, 94. | Voir des oiseaux de proie ou de fauconnerie, signifie, pour les riches, augmentation de fortune et d'honneur, et pour les pauvres, changement de position, 5, 16, 27, 38. | Voir en songe un corbeau, mauvais signe, surtout pour le mari qui aura de grands reproches à se faire ; si c'est la femme qui a fait le songe, ce lui sera un pronostic d'afflictions momentanées, 49, 51, 62. | Voir une corneille, signifie expédition de ses affaires, 3, 14. | Voir un étourneau, signifie un petit déplaisir, 25. | Voir des colombes, bon signe. On aura plaisir et joie en sa maison, et succès dans ses affaires, 27, 38, 41. | Voir des grues ou des cigognes rassemblées dans l'air, signifie l'arrivée de ses ennemis ou de parents envieux; en hiver elles dénotent le mauvais temps, 43, 59, 61. | Voir deux cigognes ensemble, signifie mariage, génération d'enfants qui seront bons et profitables à leurs parents, 72, 82, 95. | Voir un cygne, signifie gaieté et révélation de choses secrètes, et santé à ceux qui font ce songe; si le cygne chante, c'est un mauvais augure, 7, 9, 42. | Voir en songe une hirondelle, signifie avoir femme sage, bonne nouvelle et bénédiction où elle est nichée. Le rossignol signifie la même chose, 5, 7, 19. | Voir des mouches à miel, signifie gain aux habitants de la campagne et dommage aux riches; cependant, si l'on songe qu'elles ont fait leur miel en quelque endroit de la maison, cela dénote dignité, éloquence et bon succès dans les affaires, 21, 33, 42; si l'on songe qu'on est piqué par les mouches à miel et surtout par les guêpes, cela signifie ennui, afflictions causées par les envieux, 41, 59, 72. | Voir plusieurs oiseaux, signifie assemblées et procès, 49, 62, 82, 99, 100. | Voir, ou entendre chanter un coq, signifie joie et prospérité, 4, 9, 17; voir deux coqs se battre, dénote querelle d'amour, 5, 30, 41, 63, 81, 87, 99. | Voir un paon, c'est signe qu'on aura une belle femme, qu'on sera riche, aimé du souverain et des grands, 17, 31, 43. | Voir une poule avec ses poulets, signifie perte et dommage, 5, 17, 19. | Voir un chapon, ou entendre une poule chanter, dénote tristesse et ennui, 6, 49, 68. | Voir des perdrix, c'est signe qu'on aura af-

.aire a des femmes sans conscience, ingrates et méchantes, 4, 9, 30, 43. | Les cailles signifient mauvaises nouvelles sur mer, débats, querelles, larcins, embûches et trahison, 51, 53, 42. | Tous les oiseaux nocturnes, comme chouette, chat-huant, chauve-souris, sont de mauvais augure, et ceux

qui auront songé à de pareils oiseaux ne doivent rien entreprendre ce jour-là, 4, 13. | Songer à des œufs, signifie gain et profit; s'il y en a un grand nombre, cela dénote soucis et procès, 21, 42, 53, 64, 75, 86, 97, 100. | Les cigales, les hannetons, grillons et sauterelles, signifient les grands parleurs, les mauvais musiciens et les pauvres qui volent le bien des campagnes. Ce songe ne prédit rien de bon à celui qui le fait, du moins pendant la première journée, 4, 7, 9, 11, 17, 19, 60, 81, 99. | Voir des scorpions ou des chenilles, annonce chagrins occasionnés par des parents, 5, 9,

30. | Songer à des vers de terre, dénote que des usuriers cherchent à nous surprendre et à nous nuire, 51, 63. | Voir un dragon, est signe qu'on verra quelque grand seigneur, ou son maître, ou un magistrat. Il signifie aussi richesses et trésors, 4, 5, 20. | Voir un serpent qui se tortille et se replie, dénote qu'on a des ennemis; voir un serpent, signifie trahison de femme, haine et maladie; songer qu'on tue un serpent, est signe qu'on triomphera de ses ennemis et de ses envieux, 4, 31. | Voir des basilics et des lézards, perte ou contrariétés provenant d'ennemis cachés, 59, 60. | Les grenouilles dénotent les flatteurs, les babillards et les ignorants, 6, 30, 40, 60. | Si l on songe prendre de gros poissons, c'est signe de gain et de profit, selon la quantité qu'on en prend; et si les poissons sont petits, cela signifie tristesse, 9, 31, 40; voir des poissons de diverses couleurs, signifie guérison pour les malades, et pour ceux qui ne le sont pas, injures, querelles ou douleurs, 51, 60; songer qu'on mange de gros poissons, signifie fluxions, catharres et mélancolie, 4, 30, 51; voir des filets à prendre du poisson, signifie pluie ou changement de temps, 21, 32, 40; voir ou trouver des poissons morts dans la mer, signifie vaine espérance, 5, 7, 20; la femme enceinte qui songe accoucher d'un poisson, au lieu d'un enfant, mettra au jour un bel enfant qui vivra longtemps et sera célèbre et vertueux, 1, 30, 40, 60, 99, 100.

BETTERAVE : oubli de toutes vos peines, 3, 41.

BEUGLEMENT de bœufs : danger de mort, 47, 59; — de vaches : faites votre testament, 45, 78.

BEURRE : naissance, 3, 73, 97; — le battre : naissance d'un fils, 27, 41; — en vendre : faux témoignage d'amitié,

52, 93 ; — en acheter : peine profonde, 18, 64.

BIBERON : richesse prochaine, 82, 99.

BIBLIOTHÈQUE : conseils à rechercher, 31, 50. | Bibliothécaire : esprit confus, présage de folie, 11, 56. | Acheter une bibliothèque : savant, ou homme de robe consulter, 11, 61, 93.

BICHE. En avoir une : contentement, profit, 12, 81 ; — avec ses petits : richesse en proportion de leur nombre, 2, 72, 82, 91. | Voir ensemble plusieurs biches : retraite paisible, 73, 85.

BIDET : nécessité de plier votre caractère aux fantaisies de ceux de qui vous dépendez, 66, 82.

BIEN. En faire : satisfaction intérieure, 6, 25, 93 ; — aux morts : profit certain, 1, 99. | Avoir de grands biens : sujet de tristesse ; 8, 62, 82, 97.

BIÈRE. En boire : fatigues sans profit ; 10, 35 ; — mousseuse : perte de temps, 15, 31.

BIÈRE (cercueil) : espérances divines, 27.

BIGARREAUX : chasteté, 39, 41.

BIGOTS : défiez-vous, 33, 97. | Bigoterie : infidélité, trahison, astuce, jonglerie, 19, 42.

BIJOUX : orgueil châtié, 41, 52. — Bijoutier : faux semblants d'amitié, 19, 31. | Faux bijoux : flatterie insensée, 19, 53.

BILBOQUET : retour inespéré d'un voyageur égaré dans les pays inconnus, 61, 63.

BILLARD : affaire hasardeuse, profit incertain, 72, 75, 82 93. | Voir une femme jouant au billard : vous annonce une infortune conjugale, inévitable quoi que vous fassiez, 73, 85.

BILLET (de loterie). Si l'on voit les numéros : réussite 8, 25, 28; Sinon : dépense utile, profitable, prodigalité, 2, 62, 82, 92. | Billet à ordre : poursuite judiciaire, 31, 62. | Billet d'amour : changement de fortune, 49, 67, 92.

BISCORNU : bonne nouvelle, 3.

BISCUIT : profits et bonne santé, 5, 9, 30, 45; — de mer : nouvelles heureuses de loin, 3, 21.

BISE (vent) : revers, perte, 3, 17.

BISTOURI : maladie, 4, 20.

BITUME (goudron) : attachement malheureux, 51, 63.

BIVOUAC : voyage pour hériter; séjour profitable à l'étranger, 41, 62, 81. | Bivouaquer : célébrité assurée, 51, 63.

BIZARRERIE : tort réparé, 1, 3, 20.

BLAME. Blâmer : malheurs, mauvais conseils, 5, 9, 72.

BLANC : pureté des mœurs, 32, 41. | En être vêtu : candeur de l'âme, 41, 52. | Blancheur : commerce florissant, 61, 63.

BLANCHIR, BLANCHISSAGE, BLANCHISSEUR OU BLANCHISSEUSE : disculpation, garantie pour l'avenir, 1, 7, 2, 25, 62. | Blanchisserie : célébrité assurée, 3, 19, 21. | Bals de blanchisseuses : tort réparé, 27.

BLANQUE (y jouer), gêne momentanée, 41, 53.

BLASON : honneurs, dignités, 21, 32.

BLASPHÉMATEUR : perplexités, tristesse, soupçons, 4 7, 11.

BLÉ : prospérité, abondance, 41, 52; — dans la plaine : richesse, 53, 41. | Voir du blé en épis : profit et richesse pour celui qui le recueille, 14, 28, 76; — entassé en grande quantité : abondance de biens et grands profits, 1,

79; — en petite quantité : famine et misère, 2, 66, 82.
| En porter : infirmités, 6, 26, 76. | Voir du blé en tas,
brûler et se consumer : famine, mortalité, 2, 28; — sans
qu'il se consume : fertilité, abondance de bien en faveur de
qui fait ce songe, 6, 25, 61. | Voir du blé dans une grange
succession, 41, 53. | Voir du blé moissonné, commerce
florissant, 1, 22, 45; — en vendre : succès; — en acheter
disette, 1, 9; — en semer : bonne récolte, 4, 21; — en
faucher : bénéfice, 62, 81.

BLESSURES. En faire : perplexités, tristesse, soupçons,
4, 17; en recevoir : héritage, 3, 9. | Rêver voir son mari
criblé de blessures, malheur, 32, 41. | Recevoir une mor-
sure d'un loup : ennemis perfides, 1, 11, 56. | Blessure
guérie : exaltation de sa propre gloire, vanité, 1, 90.
| Panser une blessure : services qui seront payés par l'a-
mour, 88, 89. | Être blessé est toujours un bon signe,
42, 62. | Voir un ou plusieurs blessés : respect, honneur
et richesse, 62, 81. | Si quelqu'un songe avoir été blessé
à coups de sabre, en sorte qu'il soit en danger de perdre la
vie, cela lui dénote qu'il recevra plusieurs bienfaits de celui
qui l'aura blessé, le tout à proportion du nombre et de la
grandeur des coups, 2, 27, 41, 51. | Si quelqu'un songe
que le roi ou la reine étant en colère, l'a frappé de son
épée, cela signifie qu'il recevra des biens et de l'honneur
à proportion de l'insulte reçue, 45, 52, 62, 89, 92. | Si
un roi songe qu'étant couché, il a été m...é d'une
épée ou d'un poignard par un homme de basse condition, il sera en danger d'être tué ou d'être vaincu 19.
| Si une femme songe qu'elle a été frappée d'un poi-
gnard, ou qu'elle-même en a frappé quelqu'un en se

défendant, ou en attaquant courageusement, elle recevra un héritage, et si elle est mariée, elle accouchera d'un enfant mâle, 21, 42.

BLETTE (plante) : désappointement, 3, 25.

BLEU ou indigo : gain illicite, 7, 19.

BLOC ou bloquer : perte au 1, 15.

BLOND : amour dans la maison, 3, 17. | Blonde : jeune fiancée dans votre famille, 4, 20. | Blondin : jeune homme dangereux, 5, 9, 30, 7.

BLOUSE : voyage de courte durée, 45, 73;—la mettre: voyage, 14;—la retirer : maladie, 17, 32, 45.

BLUET (fleur) : plaisirs d'amour, 4, 21.

BLUTEAU : bénéfice, 1, 22.

BOCAGE : mystères, intrigues, 17, 32.

BOCAL : union conjugale, 45.

BOEUFS. Attelés : union prospere, 42, 63; —ruminant à l'écurie : serviteur fidèle et de grand secours, paix intérieure, 12, 54, 68. — En voir de très-gros : bon temps, félicité prochaine, 1, 54 ; — de maigres : cherté de grains, famine, 18, 31 ; — qui montent : mal et fatigue, 11, 14, 26 ; — de blancs qui sautent : honneur, profit, dignités, 14, 52, 9, 64 ; — de noirs : péril imminent, 24, 52, 63 ; — de rouges : péril de vie, 8, 17, 25 ; — au labour : avantage inappréciable, 59, 61 ; — sans cornes : ennemis désarmés, 62, 68 ; — qui se battent : naissance d'inimitié, 8, 80, 88 ; — allant boire : mauvais signe, 13, 15 ; — éveillés : abondance assurée, 51, 63 ; — en furie : blessures suivies de mort, 62, 81. — En acheter ou en vendre : signe de richesse, 69, 82. | Vieux bœuf : bon signe, 82, 97.

BOHÉMIEN, BOHÉMIENNE : gaieté, tempérance, vertu, 31, 62, 87, 92.

BOIRE : esprit lourd, maladie nerveuse, 5, 12, 23. | Rêver que l'on boit de l'eau fraîche est un excellent présage, 41, 52 ; l'eau chaude, au contraire, annonce des maladies mentales, 83, 97.

BOIS. Être dans les bois ou prairies, et y garder des bestiaux : honte et dommage aux riches ; aux pauvres ou villageois, profit, 18, 24, 26. | Porter du bois, 42, 63. | Bois et forêts : opulence, 59, 62. | Bois à brûler : richesse croissante, 89, 72.

BOISERIE : affaires embarrassées, 99, 82.

BOISSEAU : justice, 42.

BOISSON : mœurs dissolues, faiblesse de caractère, 51, 82.

BOITE : union prochaine, 42 51 ; — à odeur : vanité ruine, 3, 17, 21 ; — à miroir : coquetterie, 61, 82 ; — d'or : bonheur passager, 81, 93.

BOITER : maladie incurable, 1, 27, 42, 51. | Être boiteux, ou voir quelqu'une de ses connaissances en cet état : honneur, 1, 10, 15; si ce boiteux est en prison : châtiment proportionné au crime, 2, 16, 28; — s'il est riche : incendie qui le réduira à la misère, 5, 19, 69.

BOMBE : déshonneur dans la maison, 4, 25; — si elle éclate : le malheur est arrivé, 45, 72. | Bombarder : danger de mort, 7, 31, 42.

BONBONS : flatteries perfides, 41.

BONDISSEMENT : départ, 3, 7.

BONHEUR : espérance trompée, 4, 21.

BONNET : discrétion, 22; — carré : prudence, 32; — de femme : mariage prochain, 57; — de nuit : rêve agité, 83; — de luxe : moment de quitter les affaires, 2, 39, 81. | Bonnetier : mauvaises amitiés, 97, 99.

BORDAGE d'un vaisseau : voyage maritime, 7.

BARQUE : vigilance, 3, 9.

BORNE : crédulité, 7, 31.

BOSSE : raillerie, 33. | Voir des bossus : bonheur et chagrin, 82, 89.

BOSTON : temps mal employé, 4, 17.

BOTANIQUE : précaution à prendre, 41, 52. | Botaniste : succès d'affaires, 3.

BOTTES : richesse assurée, 4, 7; — en voir de neuves : réussite, 3, 21; — de vieilles : querelles sans raison, 4, 17; — commander des bottes à son bottier : voyage prochain, 5, 22; — en vendre : mort d'un parent, 3, 12. | Botte d'oignons : vieillesse précoce, 4, 21. | Botte ou bottelage : querelle non motivée, 22, 41.

BOTTINES, en acheter de neuves : jalousie, cancans,

disputes de femmes vieilles, 1, 17; — en commander : voyage, 4, 19.

BOUC : luxure, liaison honteuse, 51, 63, 81, 97, 09; — en voir un troupeau : héritage, 28, 90; — en trouver le foie, le poumon, la moelle ou les cornes : liaison funeste amour déshonorant, 45, 72.

BOUCHE : prospérité commerciale, 51, 62, 83; — l'avoir fermée sans pouvoir l'ouvrir : danger de mort, 2, 80, 90; — l'avoir infecte : mépris public, trahison de serviteurs, 86, 88; — plus grande que de coutume : accroissement d'honneurs et d'opulence dans la maison, 2, 21; — l'avoir petite : bénéfices, 32, 44.

BOUCHER quelque chose : mystère, 3.

BOUCHER, BOUCHERIE : mort subite, blessure mortelle, catastrophe ruineuse, 4, 22, 60. | Voir un boucher se marier avec un âne : changement de conduite, argent, 3, 20. | Voir le peuple en révolte dans une boucherie : catastrophe ruineuse, 1, 10, 23, 45.

BOUCHONS : mœurs légères, 21; — de bouteille : mort imminente, 82; — de paille : incendie, 33; — de foin : attaque d'apoplexie, 52.

BOUCLES de souliers : familiarités coupables, 42, 51; — d'oreilles : mort subite, privautés coupables, 3, 42; — de cheveux : entière affection, amour récompensé par un mariage fortuné, 3, 24, 52; — de ceinture : mœurs douces, inclination virginale, 53, 62.

BOUCLIER : virginité, vertu, 32.

BOUDER, BOUDERIE : querelles et ennuis de peu d'importance et de peu de durée, 21, 42.

BOUDIN. En faire : arrivée inattendue et désagréable,

32 ;— en vendre : commerce prospère, 4, 59 ;— en manger : affaires embarrassées et difficiles à conduire, 51, 53; | boudin blanc : commerce prospère, 42, 63; — noir : affaires embarrassées, 51, 57;— en avoir au bout du nez . visite inattendue et profitable, 70, 84.

BOUDOIR : amours faciles, qui ne laisseront après que le repentir ou le déshonneur, 40, 52; — avec des amoureux occupés à s'aimer : richesse toujours prospère, 25, 32.

BOUE : saleté, misère, 25, 41; marcher dedans ou parmi des épines : maladie, 6, 60; — en être couvert : pauvreté, misère, 62, 82; — en tirer de la mer, d'un fleuve ou de partout ailleurs : fécondité, richesse, 4, 22.

BOUFFETTES de rubans : orgueil, mauvais sentiments, 3, 27, 41.

BOUFFI : maladie dangereuse, 25, 33.

BOUFFISSURES : Tristesses, 4, 21.

BOUFFONS : frugalité, santé, 5, 42.

BOUGIES : mort, enterrement, 2, 7; — en voir allumer : naissance, 59; — en faire voir : salaire et contentement; 1, 11.

BOULANGER : chagrin, 3, 21.

BOULANGÈRE : économie pour l'avenir, 25, 31.

BOULANGERIE : bonne année, 7, 20, 27, 36, 81; — voir un boulanger embrassant sa boulangère : annonce un héritage considérable, 32, 60; — acheter du pain chez un boulanger : naissance de deux jumeaux, 53, 40.

BOULE : folie, 40; — roulante : économies, 32, 49; — immobile : trésor caché, 25.

BOULEAU : grâce, amour, 52, 72.

4

BOULEVARD : promenade, retraite, 27, 31.

BOULEVERSEMENT : fortune hasardée, minauderies de coquette, 31, 52, 62, 63.

BOUILLI, en manger : mélancolie, 2, 50; — en vendre : prospérité, 50, 60; — en acheter : contre mauvaise fortune bon cœur, 42.

BOUILLIE : riche hymen avec une vieille coquette sans dents, 3, 22; — en donner à un enfant : soins empressés qui vous vaudront un héritage, 5, 31; — en manger : gain et profit, 16, 25.

BOUILLON, maigre : santé, 3, 60; — gras : richesse, 21, 34.

BOULETS de canons : détresse profonde, 6, 68.

BOUQUET de fleurs : fausse nouvelle, 41, 53; — à la main et au côté : joie, satisfaction momentanée, 15, 28, 78, 82.

BOURACAN : détresse, misère, 21, 33.

BOURBE : mort sinistre, 22, 33.

BOURBIER : grande infortune, 1, 7.

BOURDON (mouche) : frayeur ridicule, 42, 51.

BOURDONNEMENT : médisance, petites misères de la vie, 7, 30, 40, 60.

BOURGEOIS : imbécillité, 31; — embrassant sa bourgeoise : triviales affections, 47, 69.

BOURGEONS : naissance d'un héritier, 4, 5

BOURLETS : amour platonique, 6, 21.

BOURRACHE (plante) : maladie, fièvre, 4, 9.

BOURRELIER : médisance, 32.

BOURREAU : déshonneur dans une famille.

BOURSE, pleine : générosité, 4, 21; — vide : paresse,

45. | Voir en rêve le palais de la Bourse : misère et vol, 3, 21, 62; — voir le palais plein : chagrins, peine, misère, avarice. 2, 60; — vide : aisance, contentement d'esprit. 10, 20, 69. | Bourse de commerce : négoce, opérations sûres, succès, 5, 15, 25. — Bourse à cheveux : souvenirs d'amour, 2, 17.

BOUSSOLE : voyage de long cours, 3, 21, 43.

BOUT-A-BOUT : mort prochaine d'un ami, 5, 7, 40.

BOUTEILLE : joie, chanson, 14, 28, 64; — cassée : tristesse, 57, 82; — pleine : sobriété, 21, 47; — en acheter : triste affaire, 25; — en vendre : vie de plaisir, 60, 90.

BOUTIQUE : espérance, profit, 42, 63; — incendiée et consumée : perte de biens et possessions, 2, 35, 90; — en louer une : succession inattendue, 4, 9; — emménager dedans : commerce prospère, 3, 21, 42; — la quitter : mariage d'enfant, 51, 62.

BOUTONS : héritage inespéré, 25, 27; — d'argent : fortune en péril, 3, 40, 60; — de fleurs : commerce prospère, 5, 21, 32; — d'or : mariage d'intérêt, trahison, 4, 11, 19.

BOUTONNIER : déclaration d'amour, 5, 7, 10.

BOUTONNIÈRE : amour éphémère, 4, 7, 9.

BOUVIER : mauvaises mœurs, 21, 32.

BOUVREUILS : joies suivies de peines cuisantes, 53, 61.

BOYAUX : maladie suivie de mort, 24, 60.

BRACELETS : prospérité, joie, 51, 62; — en acheter : esclavage, 2, 11; — les vendre : ruine certaine, 5, 91; — perdus : joies suivies de peines secrètes, 5, 22, 50; — brisés : inclination d'amour, 60, 89; — en recevoir : torture, 22, 33; — en donner : mariage qui se prépare, 61, 82.

BRACONNIER : infidélité conjugale, 3, 7, 40.

BRACONNER : libertinage, 3, 21.

BRAISE : veuvage, 51; — allumée : pronostic qu'on aura une domestique toquée, 62;—éteinte : richesse, 21.

BRANCARD : mort instantanée, 61, 89.

BRANCHAGES : fortune, 3, 17.

BRANDEBOURGS d'argent : pleine ivresse, 21, 60.

BRAS, COUDES, MAINS, DOIGTS ET ONGLES : les bras signifient amitié sûre et fidèle, 32, 64; — beaux : bon accueil, 59, 72; — laids : réception orgueilleuse, 1, 29, 30; — cassés : mort d'un ami, 3, 60, 97; — gonflés : richesse inattendue, 61; — velus : naissance d'un bel enfant, 42; — en avoir un coupé : c'est l'annonce de la mort d'un parent ou domestique, mâle si c'est le bras droit, femelle si c'est le gauche, 18. — Les deux bras coupés : captivité ou maladie, 73, 85. | Bras rompus ou amaigris : pour un simple particulier, c'est affliction, maladie, détresse dans la famille; pour un homme placé dans un rang élevé, c'est désastre public, tel que perte d'armées, famine ou contagion; pour une femme mariée, veuvage, séparation ou adultère, 81, 89, 90; — sales : misère, détresse, 10, 60, 80. | Bras pourris : richesses pour frères ou parents très-affectionnés, 12, 16, 19. | Bras forts et robustes : bonheur, guérison, délivrance, 18, 21, 51; — déliés et bien pris : grâces à recevoir, 26, 28, 30; — plus grands et plus robustes que d'habitude : joie et profit, 9, 19, 29. | Si une femme rêve qu'elle a des bras de singe : accroissement de fortune et de puissance pour son mari, 69, 89, 90. | Bras couverts de gales ou d'ulcères: héritage prochain, 21, 62. — Si on songe que les bras s'allongent jusqu'aux pieds, cela annonce grande joie et profit, provenant des actes ou du dévouement d'un frère ou d'un fils, 4, 7, 30. — Si une femme songe cela, son mari deviendra riche et puissant, 21, 62, 47. — Songer avoir les bras de marbre, signifie délivrance de maladie ou œe prison, 4, 40, 80. — Songer avoir les bras ou coudes percés de barres d'or, signifie ennui, tristesse ou mauvais succès dans ses affaires, 21, 32, 64, 93. — Si quelqu'un songe avoir les bras rompus ou amaigris, s'il est roi ou bien la reine, il s'ensuivra quelque échec à son armée, ou quelque désastre dans ses États, ou son fils ou son frère tombera en quelque maladie ou affliction. Le même songe dénote aux particuliers affliction, maladie, pauvreté, pour leurs enfants ou pour leurs frères, 21, 32, 87. — Si une femme fait ce songe, elle est en danger d'être séparée de son mari pendant un peu de temps, 4 31, 64. — Les muscles des bras se rapportent aux serviteurs. — Si quelqu'un songe avoir les bras carrés, il verra croître ses richesses, 32, 51, 64, 81. — On attribue le bras droit au fils, au père, au frère ou à l'ami; et le gauche à la mère, à la fille, à la sœur, à l'amie et à la servante fidèle, 21, 32, 64. | Songer avoir un bras d'or, si c'est le droit, cela signifie le malheur ou du fils, ou du père, ou du frère, ou de l'ami de celui qui aura fait le songe; si c'est le gauche, il en sera de même pour la fille, etc., 89, 97. — Avoir les bras d'argent, signifie prison ou maladie, 21, 32, 45, 69, 90, 100. | On attribue la main droite au fils, au père, au frère et à l'ami, et ce qui

.4

leur doit arriver de bien; et la main gauche signifie la mère, la fille, la femme, la servante, le serviteur et le bien qui est déjà acquis, 21, 33. — Si l'on songe avoir les mains plus belles et plus fortes que de coutume, on s'appliquera à quelque affaire importante, qu'on terminera heureusement, et qui portera honneur et profit. Les serviteurs aimeront un tel maître et serviront la maison avec joie et fidélité, 21, 52, 64. — Si quelqu'un songe qu'on lui a coupé la main, ou qu'elle est devenue sèche et maigre, ou qu'elle a été brûlée, il perdra son plus fidèle serviteur, il ne pourra point travailler et deviendra pauvre, 42, 63. — Si une femme fait ce songe, elle éprouvera de grandes contrariétés, 21, 32, 62. — Si quelqu'un songe que sa main et ses doigts sont devenus plus petits qu'à l'ordinaire, il découvrira qu'un de ses serviteurs le trompe ou ne l'aime point, 4, 32, 64. — Si quelqu'un songe travailler de la main droite, cela signifie bonheur pour lui et pour sa famille; si c'est de la main gauche, cela dénote malheur, 4, 31, 64. — Songer qu'on a les doigts de la main coupés, signifie perte d'amis ou de domestiques, 21, 62, 49. — Avoir une troisième main : succès, 21; — l'avoir grande : bénéfice, 22; — petite : perte, 41; — froide : bonne santé, 7; — très-blanche : coquetterie, 59. — Avoir une blessure à la main : bon signe, 32. — Mains jointes : amour fidèle et dévoué, 41. | Si quelqu'un mange de la main droite : bonheur, 62; — de la main gauche : amour, 81; — des deux mains : fortune, 92. — Main en croc : sauvagerie, 97. — Rêver en avoir quatre : puissance, 22. | Songer avoir six ou sept doigts à la main, signifie amitié, nouvelle alliance,

bonheur et héritages ou bénéfices, 1, 12, 23, 44, 45, 56.
— Songer avoir les doigts de fer, signifie ennui et
prison, 67, 78, 89, 91. — Songer qu'on a les mains
gluantes, signifie amitié; entre les pauvres, cela dénote
oisiveté et nécessité, 2, 13, 24, 35. — Songer qu'on a
la goutte aux mains, signifie aux jeunes gens crainte
et peur qu'ils auront avec danger pour leur personne,
et aux vieillards, cela dénote langueur et pauvreté, 46,
57, 68. — Songer avoir beaucoup de doigts, signifie
bonheur, force, richesse et abondance. Cependant ce
songe est funeste aux voleurs, car ils seront pris par la
justice, et punis de leurs maléfices, 79, 80, 91. —
Songer qu'on a manié le feu avec ses mains, sans avoir
reçu aucun mal ni douleur, cela dénote que les ennemis
et les envieux ne pourront nuire en rien à celui qui aura
fait le songe, et qu'il réussira au gré de ses désirs, 3, 14.
25. — Songer qu'on bat quelqu'un avec la main, et qu'on
lui donne un soufflet ou un coup de poing, cela signifie
paix et amour entre le mari et la femme; et si celui qui a
songé n'est point marié, cela lui présage qu'il fera bientôt
l'amour à quelque femme qui l'aimera beaucoup, et qu'il
triomphera de ses ennemis, 36, 47, 58, 69, 77. — Si
une femme songe qu'elle bat son mari, cela signifie
crainte, quoiqu'elle soit aimée de son mari; mais si elle
songe battre son amoureux, cela signifie qu'elle n'est pas
en sûreté, et que ses amourettes seront troublées par quelque accident. 23, 41, 52. — Si quelqu'un songe tenir
une épée à la main, et en frapper des personnes inconnues,
cela signifie victoire et sûreté, et bon succès dans ses
affaires; si c'est avec un bâton, cela signifie domination et

profit, 49, 72, 81, 97. — Si quelqu'un songe avoir des bagues d'or aux doigts, cela signifie dignité, bonheur et félicité, 47, 51, 62. — Si quelqu'un songe avoir les ongles bariolés de plusieurs couleurs, cela signifie profit; et le contraire : perte et déplaisir, 11, 33, 59, 72. — Si quelqu'un songe qu'on lui coupe le bout des doigts ou des pieds, cela signifie perte, déshonneur et querelle avec ses parents et amis, 29, 60. — Si quelqu'un songe que les ongles lui ont été arrachés, toutes sortes de misères et d'afflictions le menacent, et même il sera en danger d'être blessé grièvement, 59, 60, 89, 97, 100. — Avoir les ongles très-longs : gain, 2, 23; — très-courts : perte, 9; — les vengez-vous, ou les faites-vous couper : discussion et procès, 41, 63. — Déshonneur à qui se mange les ongles, 31; — mort pour celui auquel on les brûle, 21, 32, 43.

BRASSERIE : plaisirs et paresse, 52. — Rêver que l'on brasse la bière : avertissement donné à la ménagère qui reste dans son lit à faire l'amour, quand elle devrait être à son ménage, 22, 64.

BRAVOURE : courage, amour, 1, 7.

BREBIS : joie et profit, richesse, 22, 49. | Voir des brebis qui se battent : peine, fatigues, souffrances, 1, 52, 65.

BRELANDIÈRE : mauvaise conseillère, 4, 21.

BREVET quelconque : succès en affaires, 3, 50.

BRÉVIAIRE : sagesse, piété, 7, 21.

BRIDES : tuteur, mentor, 4, 29, 63.

BRIGADE, brigadier : amour, 22.

BRIGANDS (être attaqué par des) : perte de parents,

d'enfants eu de fortune, 2, 10, 18; — être tué : héritage enlevé, 82, 90. — Succès dans vos entreprises si vous triomphez d'eux, 21, 33, 44, 55.

BRIOCHE. Indigestion à qui la mange, 5, 19, 32; — bon repas à qui la voit, 4, 17, 43; — ingratitude de parents ou d'amis envers celui qui la donne; — pour celui qui la fait : baptême, 21, 32, 67, 97. | Voir un singe qui fait des brioches : mauvaises relations en famille, 22, 64.

BRIQUES : prospérité, construction, 1, 30, 89.

BRISER ou casser : santé en danger, 22, 44.

BROCARD : fausse gloire, 29, 50.

BROCANTEUR : vanité regrettable, 1, 3; — brocanter : besogne fructueuse, 5, 21.

BROCHE de bois : retour à la fortune après des avaries, 1, 52, 63; — de fer : travail pénible, 1, 4, 52. | Manger la broche au lieu du rôti : travail pénible, 59, 62. | Mettre rôti à la broche : besogne facile et bien payée, 5, 19, 61. | Donner à une dame une broche en diamants ou en pierreries : vanité regrettable, 59, 61, 72. | Tourner la broche : ouvrage rude, 51, 83; — servitude si l'on est riche, 41, 63; — profit si l'on est pauvre, 27, 41, 59.

BROCHET (poisson) : peines inutiles, 21, 32; — le pêcher : fatigue sans profit, 29, 42; — le faire cuire : amour conjugal, 53; — le manger : danger de mort, 19 22.

BROCHURE : amour des sciences et des arts, 1, 32.

BROC : ivrognerie, inconduite, 44, 65.

BRODEQUINS : voyage prochain, 17, 30.

BRODERIE : bon augure, 22; — voir broder : ambition, 1, 9, 29, 82, 85; — brodeur : ami qui vous trompe, 19, 40; — brodeuse ; retour à la fortune, 51.

BRONZE : réussite, 21.

BROSSE : ordre et vigilance, 32.

BROUETTE : pauvreté, labeur, 44; — brouetter : succès argent, 53.

BROUILLARD : perte commerciale, 29.

BROUILLE : sécurité, 17; — entre amants : mariage avantageux, 2, 53, 55; — entre amis : déclin de fortune, 6, 16, 61.

BROIEMENT danger pour les époux, 1, 3, 7.

BROUTER misère, pénurie, 9, 11, 14.

BRUN ; ami sûr et fidèle, 15, 16, 20.

BRU (belle-fille) : affection réelle, 32, 44.

BRULER son lit, ou le voir brûler ou se consumer : dommage, maladie ou mort à la femme du songeur, 2, 12, 32. — Si c'est une femme qui fait ce rêve, elle ou son mari en court le danger, 10, 16. | Brûler, se voir brûler à petit feu et endurer du mal : signe d'envie, de déplaisirs, colère et querelles, 68, 69, 81.

BUCHER : fautes inévitables, 40, 49, 87.

BUCHERON : fautes réparées, 16, 86.

BUIS, en cueillir : deuil et affliction, 4, 31; — en planter : bon signe, 52, 62; — en recevoir un rameau : bon signe, consolation, 45, 60.

BUISSON : obstacles dont vous triompherez facilement, et qui vous procureront la richesse et la considération, 29, 40; — se cacher derrière : danger imminent, 7, 21, 39; — faire l'école buissonnière : amour de la gloire et du travail, 100.

BUREAU à écrire : lettre qui vous surprendra, 1. 3.

BURETTES : mettez de l'eau dans votre vin, 7, 20.

BURIN ou buriner : réputation malheureuse, 40, 60.

BUSC : mariage prochain d'un de vos amis, 80, 97.

BUSTE quelconque : richesse et considération, 4, 19.

BUT : triomphe des envieux, réussite, 5, 11.

BUTTES (montagnes) : élévation méritée, 3, 41.

BUTOR : bonne chance pour le plus spirituel de vos mis mariés, 17, 41, 62.

C : lettre favorable; amours fidèles, hymen heureux, mais funeste à l'épouse, 12, 13, 14.

CABALE : médisance, 22; — au spectacle : caquets, propos malveillants, 1, 31, 81. | Cabale pour la loterie : plaisirs en société, 3, 35, 83.

CABANE : humble vie, travail loyal, 22, 31. | Cabanes dans les bois : travail pénible, 2, 18, 87; — avec des enfants : bonheur modeste mais durable, 27, 31.

CABARET : argent gagné, 22; — y faire bonne chère avec des amis : joie et consolation, 79, 84, 90; — s'y trouver seul : honte, chagrin, 28, 76 ; — y être avec sa famille : joie simple et honnête, 87, 92. | Voir le cabaretier joquetant avec la cabaretière : pronostic d'un mariage suivi d'une multitude de joyeux baptêmes, 22, 63.

CABINET : héritage très-important, qui viendra d'un vol fait par votre père, 4, 31 ; — incendié : votre femme vous trompera, 22.

CABLES et cordages de navires : nouvelles prochaines des débiteurs et correspondants, 13, 67, 75.

CABRIOLET, aller dedans : bonne fortune, 31, 67 ; — monter derrière : médisance, 13, 67.

CABRIS, en voir : consolation, 15.

CACHEMIRE : indigence prochaine, 12 ; — sur une jeune fille : débauche, 22 ; — sur une dame : niaiserie, 22, 41 ; — sur une chèvre : votre femme vous donnera une série d'enfants dont tous vos amis auront l'honneur de vous avoir fait père, 21, 33 ; — sur une ânesse : grande dame de vos amies, 34, 61.

CACHET : secret mal gardé, 17, 19. | Cacheter : triomphe sur la médisance, 13, 21.

CACHOT : secret funeste, 14.

CADAVRE : santé, 18, 32.

CADEAU : punition, 11, 41.

CADENAS : précaution inutile, perte inévitable, 22, 61, 97.

CADRAN : héritage sur lequel vous ne comptez pas, et heureux mariage qui en sera la suite, 31, 43 ; — solaire : vigilance et prudence, 1 ; — bleu : bonheur conjugal, 21, 32.

CADRE : régularité de conduite, dépenses bien ordonnées, grande félicité, bonheur conjugal, 4, 19, 30; — faiseur de cadres : dépenses bien régularisées, 19, 62.

CAFETIÈRE, CAFÉ. La vue du café présage du bonheur; 17, 21; — en voir brûler : surprise agréable ; — en boire : longue vie, 45, 61. | Se trouver seul dans un café : cruel abandon, 25, 99. — S'y asseoir en nombreuse compagnie : conduite estimable, 3, 77.

CAGE : amour trompé, 1, 31; — sans oiseaux : danger de prison, 6, 36, 70; — avec les oiseaux : liberté recouvrée, 31, 51, 81. | Rêver qu'une jeune fille ouvre la cage à des oiseaux, est un gage de toutes les vertus conjugales et maternelles, 21, 42. | Faire des cages : triomphe sur les dénonciateurs, 25, 41.

CAGOT : trahison, 21.

CAHIER : dettes payées, 32.

CAHOS : tribulations surmontées, 19.

CAILLES : nouvelles fâcheuses venant de la mer, débats, larcins, embûches dont on se tirera difficilement, 40, 80; — en entendre : dettes criardes, 3, 92; — en manger : dettes payées, 51, 98; — en dénicher : malheur, 5, 97; — en tirer : querelle de ménage, 22, 51, 63.

CAILLOUX : intrigues, envie, 4, 31, 64.

CAISSE : succès, 32; — de cuivre : querelle de ménage, 4; — de bois : heureux débuts, 21, 33. | Caissier volant la caisse : succès, 32.

CALAMITÉ : double mariage, 19.

CALCUL, CALCULER, difficile à opérer : réussite en affaires, 5, 29; — inachevé : tromperie préméditée, 4, 31; — en donner des leçons : conseils dangereux, 23, 31, 57.

CALÈCHE : prospérité inattendue, 21, 33; — attelée

de deux chevaux : célérité profitable, 3, 42; — attelée de quatre ou six chevaux : retards préjudiciables, 25, 69. | Se promener ou voyager en calèche : protection de personnages influents, 19; — être monté derrière : prétentions ridicules, 51, 92; — en acheter ou en vendre une : espoir, 50, 60, 89. | Rêver qu'on voit en calèche le diable, un âne, un bouc et un singe, est le signe assuré que vous réussirez dans toutes vos entreprises, 5, 31, 63.

CALEÇON blanc : affection sincère, 3, 21.

CALENDRIER : constance en amour, 4, 50; — nouveau : argent volé, 17. | Vieux calendrier : perfidie, 33, 45.

CALFEUTRER : précautions sages et honnêtes, 17, 31.

CALICES : malheur prochain, terrible épreuve, 3, 4.

CALICOT : prétentions ridicules, 21.

CALIFOURCHON : enfantillage, légèreté, 33.

CALOMNIE : vice découvert, 45, 72; — en dire : châtiment, 21, 32; — en être l'objet : faveur prochaine, 5, 62. | Entendre une calomnie : vice découvert, 37, 50.

CALOTTE : mauvaises affaires, danger imminent, 21.

CALQUER des dessins : connaissances mauvaises. 3, 12.

CALUS : perte de procès, 5, 7.

CAMAIL : coquetterie déplacée, 21, 32.

CAMARADE : trahison, 51.

CAMBOUIS : tache sur votre réputation, 17.

CAMÉLÉON, en voir un sur une branche d'arbre : mobilité de sentiments, transformations successives, 25, 52. | Songer qu'on épouse un caméléon, est le pronostic qu'on épousera une femme belle, aimable et chaste; pour une femme : qu'elle aura pour mari un homme sage et plein de tendresse, dont elle aura des enfants aussi bons que beaux, 24, 62, 89.

CAMELOT (étoffe) : misère, pauvreté, honte, 21 ; — (marchand forain) : petit profit dans le négoce, 52.

CAMION (haquet) : héritage de peu de valeur, 60.

CAMP d'armée : distinction, gloire, récompense, 80. | Voir un camp : honneur, bravoure. courage, 5, 22; — Se promener dedans : distinction, gloire et récompense, 3, 49; — en faire partie : amitié franche, générosité, 6, 27. | Coucher sur un lit de camp avec un bouc, est le signe qu'on aura bientôt une bonne affaire, 25, 60.

CAMPAGNES : voyage d'agrément, 17; — avec bois : mariage prochain, mal assorti, 21. | Habiter la campagne : modestie, vertu, travail et bonheur, 17; — y aller en partie de plaisir : danger de perdre son bien, 9, 65; — y faire ses affaires : joie, profit, santé, 26, 67. | Faire campagne : sagesse et bien-être, 21.

CAMPHRE, en acheter : indisposition, 45, 66; — en prendre : retour à la santé et à la fortune, héritage d'un parent éloigné, 25, 49. | Faire usage d'eau-de-vie camphrée : constance en amour, affection sincère, mariage d'inclination, 31, 44.

CANAL ou **CANAUX** : vous vous marierez au loin, 32, 51.

CANAPÉ : affection intime et sincère, 4, 20.

CANARDS : lettre anonyme, propos médisants, 22, 41 ; — en voir plusieurs ensemble dans l'eau, nageant et caquetant : propos médisants, fraude et duperie dont le rêveur sera victime, 22, 44, 61; — en élever : gain et profit, 21, 32; — en manger : joie d'amour, 19; — en vendre : mélancolie, 5, 39 ; — en tuer : danger de mort subite, 21, 62. | Voir des petits canets ou petits canetons dans l'eau : bonheur, 52, 63. | Chasser des canards sauvages : bénéfices certains, 41, 69 ; — en dénicher : perte de procès, 22, 51. | Voir des canards devenir hommes ou femmes : ruine prochaine de votre réputation, 60, 82, 97.

CANCER : maladie mortelle, 42, 61. | Si vous voyez une personne atteinte d'un cancer : maladie, 22, 81 ; — si soi-même on en est atteint : opération, désespoir, suicide, 23, 45.

CANE (oiseau) : émigration prochaine, 32. | Petites canes : tribulations causées par un inférieur, 21, 34. | Caneton : amour paternel, naissance prochaine, 13, 34.

CANETTE : héritage d'un parent éloigné, 2, 17, 21.

CANEVAS (toile) : conspiration, 21, 52, 63.

CANIF : brouille en famille, 51, 63, 67 ; — ouvert persécutions ouvertes de la part d'ennemis, 18, 73 ; — fermé : inconstance, infidélité conjugale, 3, 36.

CANNES : batterie, querelle, 3, 25, 41 ; — des Indes : astuce, fourberie, 22. | Faiseur de cannes : homme dangereux, 41.

CANONS : guerre, dissolution de société, 3, 21. | Canonnier : gloire, honneur, profit, 45 ; — l'entendre tirer : ruine prochaine, 1, 10.

CANOTIERS ; plaisirs inoffensifs, récréation honnête, 22, 61, 89.

CANULE : craintes puériles, naïveté, 32, 64.

CANTIQUES : paix de l'âme, pieuse occupation, 1, 3, 21 ; — en chanter : faiblesse, infirmité, 61, 76.

CAPILLAIRE : langueur, misère, 3, 7.

CAPITAINE : élévation, dignité, 9, 11.

CAPITANE : changement de condition, 50.

CAPITATION (impôts) : présage de peine passagère,

CAPORAL : incapacité du rêveur, 20.

CAPOTE : agacerie de femme, 97.

CAPRES : présage de mort violente, 29

CAPTIF : résignation, bon espoir, 61.

CAPUCHONS : couvrez bien votre conduite, 31.

CAPUCIN : raccommodement, oubli d'erreurs, 8.

CAQUET : indiscrétions qui causeront notre perte, 22, 33.

CARABINIER : vaillance en amour et grandeur d'âme, 51, 62.

CARAFE : abstinence, jeune forcé, 21, 31.

CARAFON : douleur, espoir trompé, 2, 7.

CARCAN : mépris des gens de bien, 9, 15.

CARCASSE : maladie de langueur, 10, 31.

CARDER : succès dans ses entreprises, 42, 61. | Cardes de fil de fer : goût passionné des voyages, 29, 50. | Cardes pour carder : mépris des gens de bien, 41, 71. | Cardeur de laine : espionnage, désir de nuire, 25, 41.

CARDINAL : brillant succès si vous avez de l'économie, 21, 63. | Se voir en cardinal : avancement dans la profession qu'on exerce, 3, 15, 50.

CARNAGE : perte d'enfants ou de fortune, 8, 49.

CARRIOLE : constance et courage, et vous arriverez à point, 99.

CARROSSE : bêtise, 12, 21.

CARTEL : projet blâmable, 13, 42; — en envoyer un : infamie, 39, 61; — le recevoir : réconciliation, 38, 63.

CARTES, y jouer : tromperie dont on sera la dupe, perte de biens par suite des complots des méchants, 9, 55. | Se faire tirer les cartes : secret dévoilé qu'on aurait préféré ne pas connaître, 25, 31. — Toutes cartes noires : argent, 5, 21; toutes cartes rouges : orages du cœur, 2, 19. | Cartes de visite : secret dévoilé, 23, 79, 81; — pour adresses : duperie d'un ami intime, 29, 41. | Cartier : mauvaises affaires, 33, 41.

CARTON : ennui, 19, 31. | Cartonnier : labeur honnête et lucratif, 21, 72.

CARTOUCHE : victoire, réussite, 71, 82; — en faire : juste défiance, crainte, péril, 3, 32; — en vendre : mauvaises affaires, 2, 25; — en brûler : victoire, 4, 63; — en manquer : argent perdu, 5, 17; — en voir en quantité : présage d'une grande guerre, 59, 61, 82.

CASAQUIN : rouerie, 27.

CASCADE : mariage heureux, 32, 46.

CASERNE : honneurs mérités et considération, 31.

CASQUE de bois : amitié dévouée, 22; — de cuivre : ruine de votre santé, soins affectueux, 3, 7, 21; — de terre : chagrins domestiques, 10, 20; — en être coiffé : mauvais numéro pour un conscrit, 21, 32; — honneur pour un militaire, 45, 64; — présomption et vanité pour un bourgeois, 59, 87.

CASQUETTE : existence laborieuse et à l'abri du besoin si on l'achète, 5, 17; — tourment si elle est perdue, 21, 87.

CASSER une branche : péril, 1, 10; — une poutre : mort subite, 4, 21; — un verre : santé fragile, 51, 62; — une corde : chagrins domestiques, 3, 45. | Faire casser un acte : injustice d'un grand personnage, 5, 61. | Si un militaire rêve être cassé de son grade, cela signifie avancement rapide, 4, 32.

CASSEROLE : gourmandise qu'on ne peut satisfaire, ruine prochaine de votre maison, 29, 89.

CASSETTE : tracas d'amour, 17, 32.

CASSIS, en boire : sombre affliction, 1, 22; — en verser : demande refusée, 4, 51. | Manger des fruits du casseyer : ennui, 6, 49; —en vendre : petit profit, 3, 42; —en donner : amitié, 5, 78. | Se rendre malade par abus de cassis : détresse, 78, 79.

CASSOLETTE : mort d'un ami, 17, 31.

CATACOMBES : pensez à la mort, 31.

CATAFALQUE : injustice d'un grand, 4, 20.

CATALOGUE : bonne réunion, 5, 42, 63.

CATAPLASME : maladie inflammatoire, fluxion de poitrine, longue convalescence, 3, 7, 21.

CATARRHE : mort, 1, 32, 67.

CATÉCHISME : amour des enfants, 33, 47.

CAVALCADE : mariage, 32, 67.

CAVALERIE : obéissance, 17. | Cavalier : querelle, injustice, 33, 51 ; — en bas de son cheval : perte quelconque, 5, 12, 89; — si on l'y remplace : succès, 23, 47.

CAVE : enfance, 6, 9; — à vin : maladie prochaine, 16, 17; — de pierre : heureuse entreprise, 33, 51; — de terre : misère et désolation méritées, 8, 89.

CAVERNE : amours fortunées, 32.

CAUCHEMAR : infidélités conjugales, 2, 7.

CAUTION : protection, tutelle, 20, 30.

CÈDRE : belle et heureuse vieillesse, 50, 61.

CÉDULE (billet) : tromperie, 22.

CEINTURE : mariage d'inclination, 32, 45, 61; — neuve : honneur, 84, 89; — rompue : dommage, 20, 78; — usée : travail, peine, 70, 83. | Ceinture d'or : gain à qui la porte, 7, 17; — d'argent : profit un peu moindre, 87. | Ceinturon : richesse, splendeur, 22.

CÉLERI : infidélités conjugales, 3, 22, 41.

CÉLIBATAIRE : veuvage pour un homme marié, 5, 30,

CENDRES : triste nouvelle pour le rêveur, 3, 17.

CENS (rentes) : pénurie, misère, 3, 20.

CENT : chiffre ou nombre d'heureux augure, 5, 100.

CENTENAIRE : héritage d'un grand oncle d'Amérique, 100; — si c'est une femme : rentrée en grâce auprès de personnes puissantes, 62, 81, 97.

CENTIMES : petite fortune, péniblement mais honnêtement gagnée, 45, 51; — heureuse fin, si on rêve en trouver, 3, 30, 60.

CERCEAUX : victoire remportée avec peine, 1, 26, 49.

CERCLE : résistance vaincue, 4, 7; — d'argent : fourberie, duplicité, 9, 11; — de tonneau : aisance et concorde, 7, 4; — d'or : succession qui vous arrivera de loin, 5, 19. | Se trouver au milieu d'un cercle de feu : victoire, 3, 11; — d'un cercle noir, résistance vaincue, 4, 31. | Vendre des cercles pour les tonneaux : fourberie, duplicité, 6, 89; — en faire : travail et récompense, 60, 97; — en acheter : aisance et concorde, 29, 60, 80. | Cercler : mariage mal assorti, 3, 4, 20.

CERCUEIL : espérance en Dieu, 21, 47 ; — d'une mère : piété tendre, et pardon à vos ennemis, 32 ; — d'un père : oubli des lâchetés dont vous avez été victime, 59, 60 ; — d'une épouse ; fidélité après la mort, respect des familles dépareillées par la mort, 13, 14, 15 ; — d'un enfant : désespoir sans consolation possible, 2, 17. | Rencontrer un cercueil, en voir un : amendement, 21, 64 ; — prier auprès de celui d'un parent : douleur profonde qui déterminera un changement de conduite, 4, 6, 66.

CÉRÉMONIES : mortification cuisante, 22, 31

CERF : bénéfice, élévation, 45, 61, 82 ; — en voir la dépouille ou seulement le bois : héritage provenant d'un vieillard ; triomphe sur des ennemis faibles et craintifs, 17, 81 ; — en voir courir ; amours traversées, 4, 20 ; — en voir se réunir plusieurs : augmentation de famille, 51,

67. | Voir le cerf au bois : bénéfice, 42, 89 ; — le tuer : succession qui arrive de loin, 5, 65 ;—mariage malheureux s'il vous attaque, 42, 63.

CERFEUIL : mariage avec une personne riche et belle, 7.

CERF-VOLANT : haute puissance, élévation, 3, 21 ; — entre les mains d'un enfant : bonheur, 4, 32 ; — entre les mains d'une personne folle : fausse gloire, 36, 63.

CERISES : nouvelle favorable, naissance, 3, 21 ; — les voir tomber du haut d'un arbre, où on les cueille dans le sein d'une belle fille : prochaines amours, 32 ; — les becqueter sur les lèvres d'une jeune femme : plaisir, santé, 3, 59 ; — en manger : nouvelles, 8, 83 ; — si elles sont aigres : pleurs, 19, 89.

CERNEAUX : attente trompée, 45, 62.

CERTITUDE : succès dans ses entreprises, 63, 89.

CERVEAU (y avoir mal) : invention utile, 5, 32, 87.

CERVELAS cru : maux d'estomac, anévrisme, 4, 82, 65 ; — cuit : succès dans ses entreprises, 3, 21, 43. | Faire du cervelas : passion, 27, 39, 78 ; — en manger : amourette pour les jeunes gens ; pour les gens plus âgés : santé, 66, 67.

CERVEAU, l'avoir sain et bien portant : sagesse et réussite dans tout ce qu'on entreprend, 3, 29 ; — malade et chargé d'humeurs : perte, réputation de maladresse, dangers à courir, 9, 22.

CÉRUSE (blanc de) : mort, 31.

CHAGRIN, éprouver un violent chagrin en rêve : joie au réveil, sécurité, consolation, faveur des grands, héritage, augmentation de famille, 4, 12, 24.

CHAINE. Voir des chaînes : mélancolie, captivité, 45, 61; — les porter : privations, revers imprévus; puis bénéfices considérables, bonheur inespéré, 42, 73; — en voir se rouiller : mélancolie, 7, 75; — la briser : tourment, 17, 78.

CHAIR humaine, en manger : fortune acquise par des moyens répréhensibles, fatigue, 66, 76; — saignante : bonheur intime, 67, 99; — rose : forte santé, 42, 59; — violette : fièvre périlleuse, 53, 82;—noire : trahison pour un homme, et séparation pour une femme, 2, 17, 49.

CHAIRE, y monter : hommages publics, 89.

CHAISE : distinction, 16, 73; — de lit : vie calme et paisible, 32, 51; — de poste : grande fortune, 45, 61; — plusieurs chaises : bonnes entreprises, 62, 92.

CHALE : ruine, 3.

CHALEUR : prospérité, 7.

CHAMBRE : patience, 42. | Chambrette : souvenir d'amour, 3; — nue et vide : bonheur, 19. | Chambres des pairs ou des députés : bavardage, 15. | Chambres dans les bois : travail pénible, 58, 69, 75.

CHAMEAU : sobriété, 4, 32. | Chamelle : amis dévoués; avec du temps et de la patience vous viendrez à bout de tout, 45, 62. | Peau de chameau : richesse, 66, 71, 74.

CHAMOISEUR : calomnie, 32.

CHAMP, bien cultivé : présage de bonheur, 3, 51; — inculte : indigence par paresse, 25, 42; — couvert de maisons : opulence par son travail, 3, 32; — de bataille : malheur irréparable, amours hâtives et funestes, 25, 39, 62. | Champ de blé, de millet, de légumes : malheur, 17.

CHAMPIGNONS : longue vie, 4, 37, 86; — morille : santé prospère à qui les cueille, 22, 41; — blancs : longue vie à qui les mange, 34, 62; — noirs : mort violente, 42; — rouges : procès gagné, 72, 81.

CHANCELIER : honneurs, 21.

CHANCRE : danger, 3, 7.

CHANDELIER : amours célestes, 21; — d'argent : héritage prochain, 19. | Chandelier de laiton : revers inattendu, 22, 41. | Marchand de chandeliers : faveur prochaine d'un riche commerçant, 23, 52. | Fabricant de chandeliers : mort dans la famille, 17, 42.

CHANDELLE, en fabriquer : joie et satisfaction, 9, 13, 74. | Chandelle allumée et brillante : réussite dans les affaires pour la personne bien portante, santé pour le malade, 31, 44; pour ceux qui vivent dans le célibat, prompt mariage, réussite, honneur et profit dans les entreprises, 5, 64.

CHANGEMENT : illusions perdues, désenchantement, 22.

CHANGEMENT de sexe, lorsque c'est une femme qui en change : conception d'un enfant mâle qui fera honneur à la famille, 9, 11; —lorsque c'est un homme, déshonneur, infamie, 18, 83.

CHANT : peines secrètes, 32. | Rêver que l'on entend chanter: sûreté dans les affaires, 2, 49. | Entendre chanter: mystère d'amour, 5, 32. | Prier quelqu'un de chanter : fortune pour ses vieux jours, 45, 64. | Être soi-même invité à chanter : secrètes amertumes, 33, 45. | Rêver que l'on dort et qu'on ne cesse pas de chanter : affliction et larmes, 52, 67. | Chant des oiseaux : amour, joie, plaisir,

2, 3, 6. | Réunion de chanteurs et chanteuses : gémissements, 2, 39.

CHANVRE : votre probité sera récompensée, 3, 59. | Chanvre (pour corde) : suicide, chagrins sans remède 5, 11. | Chanvre (roui) : disgrâces, humiliations, 2, 9.

CHAPE (ornement) : faveur prochaine, 5, 32.

CHAPEAU : Hommages flatteurs pour le rêveur, 4, 20; — neuf ou brillant : succès dans vos affaires, 4, 31. — Il couvre une disgrâce, dommage, déshonneur, s'il est vieux, sale, déchiré ou sali, 1, 55.

CHAPELAIN : dignités, 15.

CHAPELET : secret découvert, triomphe d'ennemis, 4, 32. | Défiler son chapelet à quelqu'un : injures qu'on recevra; trahison d'amis, 12, 15.

CHAPELIER : un ami vous trompera sous peu de jours, 2, 19.

CHAPELLE : amour profane, 4, 17.

CHAPON : héritage dérobé, 5, 7; — en voir : héritage prochain, 2, 19; — en tuer ou manger : ruine certaine, 21, 43; — en vendre : richesse, 3, 61; — le donner : convoitise, 52, 67; — le recevoir, suffisance, 4, 30. | Chapon qui chante : tristesse, ennui, 13, 73, 83. | Chaponneurs : secret découvert, indiscrétion par des intimes, 2, 22, 33.

CHAR : jalousie, 54. | Rêver voir un char triomphal indique un cœur dévoré par l'ambition, 21, 52; — roulant dans un cirque : gloriole de peu de durée, 4, 34; — attelé de deux chevaux : but promptement atteint, 55, 67; — de quatre ou de six chevaux : haute fortune et chute rapide, 20, 60, 92.

CHARBONNIER : toute-puissance du mari dans sa mai- son, 21, 32. | Voir un charbonnier dans une forêt : mort par accident, 42, 64 ; — lui parler : bon cœur, 25, 67. | Voir un marchand de charbon en détail : affliction et ruine, 59, 87 ; — lui en acheter : trahison, infidélité de femme, 42, 60, 89.

CHARBONS : en manger, dommages, 15 ; — en voir al- lumés et ardents : précautions à prendre contre ses enne- mis, honte et reproche, 85 ; — éteints, mort ou expédi- tions d'affaires, selon qu'ils sont plus ou moins en braise, 7, 30, 31 ; — de terre : industrie profitable et prompte expédition d'affaires, 31, 92.

CHARCUTIER : maladies honteuses, 19, 42. | Charcu- terie : vol par usure, 17.

CHARDON : trahison, 87 ; — en manger : honnête indi- gence, réunion prochaine de parents ou d'amis, 59, 81 ; — en cueillir : paresse, sottise, goûts dépravés, 45, 64 ; — s'il vous pique : brouille ou injure, 5, 19 ; — le détruire : bon signe, 21, 32.

CHARDONNERET : caquetages de voisines, médisance, 51, 67, 90.

CHARGE (fardeau) : travail pénible, 1, 22 ; — d'office : hommages, dignités, 41, 62. | Conducteur de charges : réhabilitation dans le crédit, 25, 72.

CHANGEMENT : réussite infaillible du rêveur, 51, 62.

CHARIOT : travail largement rétribué, 25, 31 ; — chargé de tonneaux de vins, fainéantise, inconduite, 5, 61. | En descendre : perte d'emplois ou de dignités, 17, 21.

CHARITÉ (aumône) : la faire, félicité ; — la recevoir : affront, 25, 40.

CHARIVARI : mauvais procédés, 52.

CHARLATAN : plaisir de peu de durée, 1, 22. | Se voir jouant le rôle de bateleur : duplicité, bêtise de rêveur, 45, 61 ; — sur place : sinistre présage, 4, 21.

CHARMANTE DAME : mauvaise rencontre, 1, 22.

CHARME (sort) : fatalisme, erreur, 42.

CHARMILLE : doux entretiens, intimité, 7, 30.

CHAROGNE : mauvais signe, 19, 60.

CHARPENTIER : accroissement de famille, 4, 31. | Faire un marché avec un charpentier : mauvais signe, 61, 87. | Voir un charpentier tombant d'un échafaudage : succès dans vos entreprises, 22, 41, 53.

CHARPIE : maladie chronique et contagieuse, 19, 60.

CHARRETTES : indisposition prochaine, 13. | En descendre : perte d'honneur, honte publique, condamnation, 35, 6. | Voir plusieurs charrettes : maladie passagère, 4, 7. | Charretier : bourru bienfaisant, 5, 9. | Se battre avec un charretier : fortune en décadence, mauvaises spéculations, 4, 9, 31.

CHARRON : persévérance et courage dans vos entreprises et vous réussirez infailliblement, 45, 52. | Lui commander un travail quelconque : bonne récolte; augmention de revenus de famille et de dignités, 61, 82.

CHARRUE attelée : sujet d'espoir, 1, 46.

CHARTE : bonnes nouvelles de l'étranger, 4, 29, 63.

CHASSE : soupçons, escroquerie, 7, 71, 82, 92. | Voir une femme chasser : commerce sans bénéfice, 5, 43, 61, 97. | Voir ensemble plusieurs chasseurs : bénéfices importants, 9, 59, 99. | Aller à la chasse : gain assuré, 43, 69, 80. | Avec un permis : même agrément, 49, 62. |

Sans port d'armes : bonheur parfait, 17, 61. | Y tuer beaucoup de gibier : mariage, 42, 64. | Revenir bredouille : désespoir, 1, 29. | Manque de gibier : plaisir sans profit, 61, 97. | Au lieu de gibier, y tuer son chien : accusation d'escroquerie, 7, 71. | En revenir : gain assuré, 43, 69, 80.

CHASSIE (chassieux) : nouvelles désagréables aux rêveurs. tromperie, 19, 62.

CHASSIS : affront, regrets superflus, 3, 29.

CHAT blanc : trahison par des amis, 29, 60 ; — noir : perfidie de femme, 31. | Avocat de chats : réhabilitation dans le crédit, 2, 31. | Se marier avec un chat : vol subtil, trahison de proche parent, 13, 31. | En battre ou tuer un : prise ou mort d'un larron, 7, 87. | En manger la chair : c'est faire rendre gorge au larron, 19, 37. | Voir des chats se battre : pronostic d'un vol domestique fait pendant la nuit, 1, 60, 97. | Songer qu'on voit sa femme se transformer en chatte, vous menace que vous serez trompé sans faute par votre femme, 17, 81, 99. | Avoir la peau d'un chat : c'est rentrer dans les biens dont on avait été dépouillé, et même obtenir la dépouille du larron, 81, 89. | Chat couché ou endormi : demi-succès, 8, 49, 62. | Chat furieux et sautant sur quelqu'un : attaque de voleurs, 18, 19. | Accoucher d'un chat est le signe que vos enfants seront très-nombreux et plus jolis les uns que les autres, 1, 23, 61.

CHAT-HUANT, en voir : enterrement, 61, 63. | Réunis avec d'autres oiseaux : perte prochaine, 28, 84.

CHATAIGNES : plaisirs honnêtes, 42.

CHATEAU : bon signe, 25. | Y entrer, espoir flatteur,

86. | Château incendié et consumé : dommage, maladie ou mort du propriétaire, 3, 87. | Château-fort : vertu inattaquable, 82 ; — l'assiéger : victoire sur ses ennemis, 1, 22.

CHATRÉ : médisance honteuse, 21, 40. | Châtrer : duplicité, incapacité, bêtise, 5, 21.

CHAUD (chaleur) : vice corrigé, zèle louable, 2, 7.

CHAUDIÈRE : prospérité, hardiesse à entreprendre, 9, 11, 30.

CHAUDRON : bonnes nouvelles de la campagne, 2, 20, 91. | Chaudronnier : richesse, succession d'un parent éloigné, 21, 32.

CHAUFFE-PIEDS ; présage sinistre, 4, 7.

CHAUFFERETTE : fréquentation blâmable, perte dans le commerce, 29, 46 ; — d'airain : vice corrigé, réussite après persévérance, 4, 20 ; — de cuivre : bénéfice assuré, 6, 30 ; — de terre : mariage d'inclination, 4, 7 ; — — petite : modestie, vrai talent, 2, 12, 40, 72, 89.

CHAUME, chaumière : probité dans la misère, 4, 20.

CHAUSSES : ruine certaine, déshonneur, 1, 30.

CHAUSSEE (digue) : bons conseils, 3, 9.

CHAUSSONS : philosophie et pauvreté, négligence, 9, 40.

CHAUSSURE : voyage, mariage manqué, 3, 40. — Chausser : réglez vos dépenses avec plus d'économie, 4, 21. | Porter une chaussure élégante : honneur, profit venant de la part des subordonnés, 69, 86. | En mauvais état : honte et perte à endurer, 9, 18, 97, 99, 100.

CHAUVE : mauvais signe, en tous temps, 5, 32, 60. | Femme chauve : bonheur conjugal, 17, 21.

CHAUVE-SOURIS : chagrins et souffrances, attaque de
nuit, mauvais signe, 3, 80. | Chauve-souris blanches :
demi-réussite, 7, 70; — noires : afflictions, 17 71. | Se

marier avec une chauve-souris vous pronostique que vous
épouserez la plus belle femme du monde, 80, 89. | Voir
un mariage de chauve-souris pronostique aux agriculteurs
de riches moissons, 21, 54; — si l'on songe qu'on mange
un pâté de chauve-souris on est sûr de trouver un trésor
dans la journée, 24, 31.

CHAUX-VIVE : déception, 81.

CHEF (tête) : succès momentané, 22 ;—d'armée ou d'en-
reprise quelconque : plaisir menteur, 27.

CHEMIN, en suivre un droit et facile : fortune promptement réalisée, 42, 59; — raboteux et pénible : beaucoup
d'obstacles à surmonter, 51, 87; — des arbres l'ombragent-
ils? vie paisible, 34, 69; — un chemin sinueux et étroit
se developpe-t-il devant vous? des hommes d'affaires vous
ruineront, 45, 52, 100. | Chemin de fer. Voyager en

chemin de fer : prompte réussite dans vos affaires, 4, 39,
52. — Éprouvez-vous un temps d'arrêt ou une secousse?
chances contraires; union rompue, 24, 97. — Êtes-vous
victime d'un grave accident? plus d'obstacles dans vos désirs
et dans vos projets, 7, 21, 32, 62. | Songer qu'on part en
chemin de fer avec sa fiancée : bonheur sans mélange,
honneur et succès, 4, 31, 60.

CHEMINÉE : bonheur passager, 22; — allumée : plaisir
d'amour, 3, 77; — éteinte : tromperie de femme, 42.

CHEMISE : santé, 4, 7; — propre : richesse, 41; —
sale : honneurs et misère, 3, 20; — d'homme : triste
agrément, 7, 42; — de femme : beauté menteuse, faux
plaisir, 9, 21; — pleine de puces : bonheur conjugal, 13,
60; — pleine de crotte : pronostics d'une famille où les
enfants seront nombreux, 4, 5, 31, 60, 97, 100. | Che-
mise de couleur : bien-être à venir, 1, 2; — ôter la
sienne : espoir trompé, 40, 76; — en voir une déchirée :
bonne fortune, 8, 88.

. CHÊNE épais et touffu : profit, richesse, longue exis-
tence, 38, 68. | Chêne jeune : belle jeunesse, richesse,
longue vie, 41, 63; — couvert de feuilles : vieillesse heureuse, 42, 59; — grand : emblème de la force et du
courage, 3, 21; — abattu : fortune en péril, 45, 87; —
vieux : désespoir, mort, détresse, maladie, 3, 42; —
sans feuilles : danger de perdre ce que l'on possède, 55,
64; — émondé : infidélité conjugale, 21, 32. | Voir un
chêne-liége signifie légèreté de caractère, 4, 21, 62. |
Planche de chêne : détresse, maladie, mort, 21, 62. |
Cercueil de chêne : triste réjouissance, 61, 89, 91, 97, 100.

CHENET : entêtement mal placé; très-mauvais signe,

4, 21, 32; — endommagé ou égaré : richesse et considération, 5, 31, 63.

CHENILLE : amour honorable, 34 ; —en être couvert : envieux et ennemis cachés dont on aura grand'peine à se délivrer ; perte de biens si vous en voyez deux accouplées, 4, 17; — mauvaise récolte si vous en voyez en grande quantité, 5, 20, 30.

CHEVAL : bon augure, 62, 81, 98; — en prendre ou monter un : succès assuré, 24, 36; — en hongrer un : fausse accusation, 10, 20, 30. | Cheval noir : épouse riche, belle et vertueuse; biens à amasser, 2, 26. | Cheval qui cloche : embarras ou opposition aux entreprises que l'on formera, 8, 23. | Cheval que l'on ferre : maladie, 45, 62; — en voir un courir : bon temps, souhaits prêts à s'accomplir, 1, 26. | Monter hardiment le cheval

et le maîtriser : avancement rapide, 17, 23. | Aller à cheval en compagnie d'hommes : bonheur et profit, 81; — en compagnie de femmes : malheur et trahison, 18, 29.

| Cheval plein d'ardeur et de courage, et splendidement harnaché : riche établissement, 21, 62; — si le cheval appartient à un autre : jouissance de la femme d'autrui, 66, 86. — Cheval ou jument bien dressé, les monter : honneurs, dignités, bonne réputation, 87, 89. | Voir malgré soi son cheval monté par un autre : infidélité conjugale que découvrira le songeur, 6, 66. | Cheval à longue queue : torture, 21, 43. | Chevaux attelés : affaire en bon train, 23. | Cheval blanc : plaisir, allégresse, protecteur puissant, héritage et mariage, probité, bon signe, 1, 29, 62; — noir : chagrins, deuil, tristesse, ennuis, embarras dans ses affaires, bal, fredaines, bonne fortune, 42, 54; — pie : luxe et richesse, 25, 52; — alezan ou de toute autre couleur : soucis, 31, 49; — à l'écurie : affaires embrouillées ou mauvaise récolte, 52, 64; — mort : perte de parent ou d'ami, 42, 97; — chargé : aller suivant ses moyens, 32, 64; — volé : argent perdu par une faillite, 45, 62; — en acheter un : querelles dans son ménage, 65, 89 ; — en vendre un : mauvaise conduite, 21, 49; — le frapper : emprisonnement, 3, 17; — le traiter avec douceur : amitié sincère, 5, 21 ; — le conduire à l'abreuvoir : santé, 5, 12; — trottant : bénéfice assuré, 21, 32; — trop malmené : qui trop embrasse mal étreint, 5, 17; — chargé suivant sa force, service rendu, 24, 32. | Être monté sur un cheval à cinq jambes : honneur, richesse, 41, 64. | Sur un cheval sans selle : deuil, 34, 62; — en atteler un : succès dans ses entreprises, 21, 49; — lui couper l'oreille : caractère prudent, 21, 32; — l'entendre hennir, force et courage, 21, 42; — le dresser : fourberie, 45, 41, 62; — vif, plein d'ardeur : gain et profit, 5, 3; —

qui prend le mors aux dents : colère dangereuse du rêveur, 31, 45 ; — rétif ou qui se cabre : très-mauvais signe, 12, 52 ; — caracolez-vous en compagnie de vieilles femmes ; précautionnez-vous contre leurs ruses, 32, 42 ; — chevauchez-vous dans un groupe de cavaliers fringants : présage de grands profits, 24, 42, 63. | Votre cheval est-il monté par un autre? l'infidélité vous menace dans vos affections de mari ou d'amant, 3, 42. — S'emporte-t-il? chute fatale, 25, 64. | Rêver être monté sur un cheval arabe : succès assuré, 41, 87. | Lorsque dans l'un ou l'autre de ces rêves on voit plusieurs chevaux, la signification est la même que lorsqu'il n'y en a qu'un seul, 51, 63, 87. — Deux chevaux noirs attelés à un char sont d'un funeste présage, surtout la nuit, 21, 42, 59, 87. | Rêver monter le cheval de son maître et coucher avec sa femme : succès d'affaires peu honorables, mais pleines d'agréments et de profits, avec revenu net de mépris et de coups de pied au derrière, 2, 17. | Cheval ayant le mors aux dents, 45, 62. | Cheval de guerre : triomphe sur un ennemi, 49, 87, 99. | Chevalier : force, courage, prudence en affaires, 4, 22. | Chevau-légers : l'inconstance paralysera tout votre bonheur en amour, 3, 43, 51. | Chevaux marins : funeste présage, 42, 97.

CHEVET : haute fortune, 3, 21.

CHEVEUX : bon augure, 3, 7, 21 ; — fins et de couleur légèrement brune comme l'acier bruni ; nature angélique : 27, 32 ; noirs, cours et crépus ; tristesse et infortune, 54. | Cheveux et têtes bien peignées : amitié, fin de mauvaises affaires, 18, 28. | Cheveux mêlés : ennui, douleurs, outrages, querelles, 1, 11 ; — huileux et plats :

perte d'amis, 21, 45;— ne pouvoir les démêler : procès et longs travaux, 37, 39. | Avoir les cheveux longs comme une femme : mollesse et tromperie de la part d'une personne du sexe, 79; — les voir plus longs et plus noirs que de coutume : accroissement d'honneurs et de richesse, 76, 86; — les avoir plus déliés que d'habitude : affliction et pauvreté, 11; — les voir blanchir : épuisement de caisse, anéantissement de fortune, 20, 40. | Voir une jeune femme sans cheveux : famine, pauvreté, maladie, 24, 33, 62.— Homme sans cheveux : abondance, richesses, santé, 54. | Couper les cheveux à quelqu'un; se raser les cheveux; cheveux parfumés : sensualité de bon goût si elle n'est pas exagérée, 33, 47. | Si quelqu'un songe qu'il a une belle et grande barbe, c'est signe que sa conversation sera agréable, qu'il trouvera le nœud de la difficulté proposée, et qu'il réussira dans ses entreprises, 21, 52. | Si une fille songe avoir de la barbe, elle sera bientôt mariée selon ses désirs, et si elle est déjà femme, elle sera contrainte de gouverner sa maison seule, comme si elle était un homme, 45, 52, 81; — si une femme grosse fait ce songe, elle aura un fils qui naîtra bossu ou une fille qui naîtra barbue, 1, 17, 32. | Si on songe qu'on perd sa barbe, ou qu'on s'imagine que quelqu'un l'ait arrachée ou rasée, cela dénote perte de parents, de biens et d'honneurs, 4, 21, 33. | Si un homme songe avoir des cheveux par tout le corps des pieds à la tête, cela signifie poltronnerie et mollesse, et que le songeur sera trompé par sa femme, 1, 3, 20.

| Songer qu'on voit une vieille femme sans cheveux, signifie famine, pauvreté et maladie, 4, 32. | Voir un vieillard pelé et sans cheveux signifie le contraire, 45, 61. | Voir

des cheveux de bois, signifie ennui et douleur, et quel-
quefois injures et querelles, 2, 21. | Voir des cheveux
pousser au bout des doigts, dénote tristesse et douleurs, 2,
3 0. | Si quelqu'un songe qu'en peignant ses cheveux, il
ne peut faire couler le peigne jusqu'au bout et qu'il a cassé
le peigne, cela lui annonce procès et longs travaux, 21,
40. — Voir des cheveux et une tête bien peignée et coiffée,
signifie amitié et délivrance de ses mauvaises affaires, 59,
80. | Celui qui songe qu'on lui rase les cheveux ou la barbe,
sera en danger de perdre beaucoup de ses biens, d'être malade, ou de courir danger de perdre une personne qu'il
affectionne, 2, 40. | Voir tomber ses cheveux signifie ennui
et perte de son bien, 1, 23. | Si quelque roi, prince ou
grand seigneur songe qu'il a ses cheveux beaux et grands,
il deviendra terrible à ses ennemis, acquerra une grande
réputation, et assujettira plusieurs provinces à sa domina-
tion, 1, 80, 100. | S'il songe que ses cheveux sont deve-
nus blancs, ses trésors seront diminués et presque entière-
ment épuisés, 2, 3, 30. | S'il croit voir ses cheveux plus
longs et plus noirs qu'à l'ordinaire, ses richesses et ses
honneurs augmenteront, 2, 9, 11. — S'il lui semble qu'on
lui a arraché ou coupé le poil de la barbe, ses biens, les
forces de son état et le nombre de ses guerriers diminue-
ront à proportion, 5, 40, 80. | Si quelqu'un songe que
sa barbe est d'or ou d'argent, il deviendra plus riche
qu'il n'est, 22, 60. | Si quelqu'un songe que ses che-
veux sont devenus plus déliés qu'auparavant, c'est
signe d'affliction et de pauvreté, 4, 30, 49. | S'il sent
qu'il a beaucoup de peine à arracher ses poils, cela
dénote qu'il fera tous ses efforts pour fuir la misère,

3, 40, 6., | Si quelqu'un songe avoir des paupières ou des sourcils plus beaux et plus grands que de coutume, c'est signe qu'il sera honoré et estimé d'un chacun, qu'il sera heureux en amour et qu'il deviendra riche, 33, 42. | S'il songe que les sourcils ou les paupières sont tombés, le contraire lui arrivera, 21, 64, 80. | Voir des hommes s'arracher le toupet : désespoir comique, 1, 32, 64. | Voir des femmes s'arracher les cheveux et le bonnet par-dessus le marché : contentement suprême, 1, 20, 62, 87, 99.

CHÈVRE : inconstantes amours, mais tendresse très-grande, 61. | Plusieurs chèvres réunies : fortune et bonheur, 41, 63. | Voir des chèvres blanches : profit, 2, 19; — noires : infortune, 20; — en avoir à soi : heureuse médiocrité, 3, 27. | Chevreau : soyez en garde contre vos ennemis, 45, 62.

CHEVREUIL : amour libre et heureux, 32.

CHICANE : procès ruineux qui vous menace, 4.

CHICORÉE : chagrins et dégoûts, 3, 17.

CHIEN : fidélité périlleuse, 3, 21. | Jouer avec un chien : dommage, 3, 33; — avec plusieurs : avarice, 6; — blancs : malheur prochain, 72; — noirs : trahison d'amis, 83; — enragé : craintes fondées, 70; — en cha-leur : turpitude, amours déshonorantes, 18, 39; — et chat : dispute, contradiction, 65; — et chienne : libertinage, 12. | Si le chien appartient au songeur : service de la part d'un ami fidèle, courageux, infatigable, un bon serviteur, 27, 41. — s'il lui est étranger : ennemis crapuleux, infâmes, 19, 68; — s'il déchire les habits : médisance de la part d'un être vil, qui cherche à ruiner celui dont les habits sont déchirés, 52, 63· — s'il mord : cha-

6

grins suscités par des ennemis, 29, 43. | Chien à plusieurs
têtes, tel que celui des enfers dans la mythologie : péché,
saisie, exécution, 89. | Chiens qui se battent : embûches
à craindre, 7; — qui aboient : calomnie, 77; — si l'on

en est contrarié : victoire proportionnée sur ses ennemis,
67, 89. | Chiens amenés de toutes parts : levée de gens
de guerre, 88. | Songer que l'on est transformé en chien
et que l'on aboie : changement de caractère, on deviendra

très-doux et très-bon, 21, 40, 53. | Si l'on entend aboyer
son chien, c'est signe que l'on gagnera un procès, 31. |
Si l'on entend le chien du voisin hurler à la lune : secours
à donner, 42, 67. | Se faire suivre par une troupe de
chiens aboyant portés par un domestique, vous annonce la
prochaine menace d'une véritable imbécillité, 1, 23, 40.
| Chien savant : duperie d'avocat, 42. | Chien marié avec
un chat : dispute, procès, 82, 97. | Epouser un chien
enragé : idéales amours et mariage heureux autant que
riche, 4, 20, 50, 100. | Chien de chasse : espoir, sécurité,
3, 20; — lévrier : dévouement à l'épreuve, 5, 10; —
et ours : soyez en garde contre vos ennemis, 45, 60; —
quelconque : fidélité, sincérité, 4, 20.

CHIFFON : amourettes, intrigues, lettres de femme, 2,
30.

CHIFFONNIERS : pauvreté, philosophie, 20, 60.

CHIFFRES ou chiffrer : avarice, usure, gros intérêt, 3, 7.

CHIMIE : traverses, peines inévitables, 5, 9.

CHINE, chinois : santé prospère, voyage outre-mer, 45.

CHIOURME (forçat) : procès, prison, 7, 10.

CHIQUER : mariage manqué, 42.

CHIRURGIE : maladie aiguë, 3, 21.

CHIRURGIEN : accident, peines, maladie, 5, 42

CHOC (coup) : veuvage, perte de parent, 7, 61.

CHOCOLAT : ménage heureux, santé, héritage, 6, 40.
| Chocolatier : mauvais augure, maladie, 5, 31 | Cho
colat en poudre : joie et santé, 16, 86, 90.

CHOLÉRA : nouvelle de la mort d'un parent ou d'un
ami, 4, 70, 82.

CHOEUR (chant) : gaieté, réussite, 3, 45.

CHŒUR d'église : mort d'un parent éloigné, 7, 61.

CHOISIR quelque chose : brillante imagination, 25, 42.

CHOPINE : gaieté, 32, 41.

CHOSE confite : économie, réussite, 2, 21; — étrange : méfiez-vous d'un homme vil et rampant, 24; — usées : invitation au travail, 32, 61. | Goûter des choses douces : fraudes, 21, 34; — en manger d'amères : infirmités, 3, 7, 90.

CHOUETTES : mort dans la famille, deuil, 1, 2, 7.

CHOUCROUTE : pénible labeur, petits profits, 9, 12.

CHOUX bâtards : succès en dépit des envieux, joies, 2, 21; — fleurs : grande nouvelle de la campagne, 3, 40; — blancs : mariage prochain, 5, 9; — noirs : deuil, chagrins, perte, 7, 11; — en manger : ennui et tristesse à venir, 18, 21. | Choux-fleurs : honneur sans profit, 4, 54.

CHUTE : bonheur, 22.

CIBOIRE : piété filiale, 4.

CIBOULE : sarcasmes, 7.

CICATRICE : ingratitude, 17

CIDRE, en boire : dispute, animosité, 1, 56.

CIEL, y voir un feu modéré, pur et luisant : danger de la part de quelque prince ou grand seigneur, 3. 13; — le voir tout en feu : attaque de la part d'ennemis, pauvreté, famine, désolation, 21, 87. | De quelque côté que ce feu tombe, c'est de là que viendront les ennemis et agresseurs 24; — s'il voltige, s'étend ou descend de tous côtés, c'est encore plus mauvais signe, 81, 83. | Ciel parsemé de fleurs : découverte de la vérité, 66. | Monter au ciel : grand honneur, 89 | Ciel serein : bonheur, 3. | Ciel, lui adresser des vœux ou offrandes pour qu'il sauve la vie de ceux que vous aimez : temps perdu, prières inexaucées, 1, 43, 59. | Ciel éclairé par la lune : augmentation de biens, 45, 62;—parsemé d'étoiles : charmants enfants, 31, 49. | Se voit-on précipité du ciel : hautes dignités, 21, 63. | Rêver du ciel est en général de très-bon signe, 4, 22, 61. | Voir dans le ciel les âmes de ceux que nous avons perdus, et que nous aimons toujours par-delà la mort : bonheur sans nuage au-delà de la vie, 13, 14, 15.

CIEL DE LIT, neuf : jeunesse, santé, 41, 65; — vieux : philosophie, 4, 21; — se détachant et vous tombant sur le corps : inconduite, bonheur perdu, 45, 62.

CIERGE : mariage et naissance, 37; — allumé : messe de mariage, bon signe, 21, 49; — éteint : office de mort, très-mauvais signe, 32, 67; — en acheter ou s'agenouiller devant : piété, 32, 51; — s'il brûle lentement : santé, 54, 89; — rapidement : maladie, 61, 87.

CIGALES, sauterelles, hannetons, grillons : parleurs insupportables, mauvais musiciens, perte de récolte, par vol ou autrement, mauvaise issue de la maladie, 48, 60. | Un ménage de cigale annonce la prodigalité, 25, 82. —Son chant est funeste aux malades et aux convalescents, 45, 62, 83.

CIGARE, perte d'argent pour qui l'allume, 2, 4; — perte de temps à qui le fume, 25; — richesse pour qui l'éteint, 32.

CIGOGNE, volant vers vous : mauvais présage, méfiez-vous des voleurs, 21, 42, 64; — blessées : elles ne sont pas à craindre, 64;—mortes : danger passé, 4, 29, 30. |

6.

Voir des cigognes deux à deux : mariage, postérité nombreuse et bien élevée, 89. | Cigognes ou grues en l'air : approche des ennemis et des voleurs, 44, 62.

CIGUE, en voir : joie mêlée d'amertume, 22, 32; — en prendre : santé, 45, 54; — en donner : empoisonnement et mort violente, 2, 60.

CIL. Avoir les cils plus courts que d'habitude : perte par une faillite, 21, 32; — plus longs : héritage, 42, 64; — n'en plus avoir : présage de ruine ou mort de parent, 21, 63.

CILICE : privations, gêne, 32.

CIMENT, ordinaire : bonnes affaires, 1, 21, 32; — romain : sécurité, 45.

CIMETIÈRE : prospérité prochaine, 5, 13. | Cimetière de campagne : retour de l'enfant prodigue, 22, 51; — se voir dans un cimetière au milieu d'une grande quantité d'os, c'est le signe de sanglantes catastrophes, 42, 89.

CIRE : union conjugale, 3, 17; — blanche : accident, 21; — brune : rendez-vous galant, 42; — jaune : enterrement d'un proche, 87, 99; — rouge : discrétion, 4, 42; — en botte : gain pour le pauvre; perte pour le riche, 1, 62. | Cirer : propreté, 42.

CIRCONCISION : avarice, usure, 3.

CISEAUX : brouille d'amoureux, querelle de mariés, 21, 30. | Ciseaux cassés : embarras d'affaires; mauvais signe, 22, 43.

CITADELLE : force inutile contre le droit, 81.

CITADIN : chagrin, 3.

CITERNE, y tomber : calomnie par des parents ou vos amis, 45. 62; — la faire construire : sagesse, 21, 32;

— la découvrir : bonne nouvelle, 21, 33 ; — y puiser de l'eau : perte de temps, 2.

CITRON, CITRONNIER : amertumes et contrariétés, trahison des proches; secours d'un ami sincère, 25, 61; —en manger : perfidie de femme, secours inattendu, 22. | Citronnelle : bon signe, 21, 71.

CITROUILLE : convalescence, héritage prochain, 5, 30, 80; — en cultiver : guérison de maladie, 60, 80; — en cueillir, en acheter : raccommodements, 42, 64; — en vendre : héritage, 51, 89; — en manger : ménage paisible, bonne nouvelle 2, 82, 97.

CIVET : bonheur et fortune, 25; — en manger : toutes les réussites couronneront vos efforts, 31.

CIVETTE : vieillesse heureuse, 52; — en porter sur soi : prudence, vieillesse heureuse, 52.

CLAIE à punaises : malpropreté, désordre, 2. | Traîné sur une claie : méchanceté dévoilée, 42.

CLAIR : solution d'affaires embrouillées, 1, 30; — de lune : bonne nouvelle, rendez-vous nocturne, 25, 61.

CLARTÉ. Voir une vive clarté pendant la nuit : solution, bonne nouvelle, 22.

CLAVECIN : dispute, difficulté entre amis, 1, 88.

CLAVETTE : sécurité, bon signe pour le rêveur, 4, 83.

CLÉ quelconque : mariage, fortune, santé, 2, 31.

CLÉ forée : accès prochain de colère, surtout si on la perd, 28, 32, 77.

CLERC d'étude : voyage prochain pour un héritage, 41.

CLIENT : succès dans le commerce, 4, 32.

CLIQUETTE : bonne renommée, 1, 22.

CLIGNEMUSETTE : nouvelles d'un absent, 23.

CLOAQUE : peine sans profit, 5, 9.

CLOCHE : alarme, crainte, mauvais augure, 17.

CLOCHER : chagrins domestiques, mort d'un proche; succès dans toutes les entreprises, 22, 31; — vieux et tombant de vétusté : péril extrême, 45, 62; — en réparation : richesse et satisfaction, 21, 63. | Voir les clochers et les tours d'une cathédrale, c'est l'indice d'une élévation

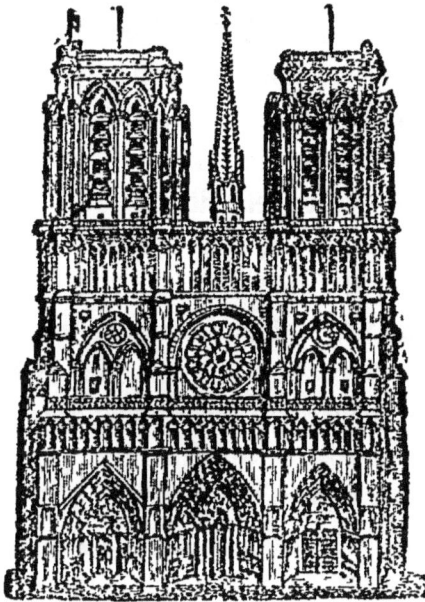

rapide, 32. 41. | Voir danser des clochers : fortune, puissance, élévation, 24, 33. | Songer qu'on soutient un clocher renversé : perte d'emplois, 48. | Rêver qu'on est sourd et qu'on entend des cloches : alarmes, querelles, sédition, diffamation, 6, 18; — les voir sans battants : impuissance, 12, 73. | Clochette : amour sincère, mariage d'inclination, beaux enfants; très-bon signe, 41, 62.

CLOISON : confiance mal placée, 2, 4.

CLOITRE : dégoût des affaires, nonchalance, 25.

CLOTURE : duplicité, ingratitude, 60.

CLOU, CLOUER : atteintes portées à votre réputation, 22. | Clous de fer : atteinte à la réputation, 18, 42. — Manger des clous : réparation d'injures ou de calomnie, 61; — de girofle : fortune sur son déclin, 20, 30.

CLOUER : une grande maladie vous menace, 21.

CLOUTERIE : mauvais lieux à fuir dans vos relations, 27

CLOUTIER ; médisant, ennemi à craindre, 31, 62.

CLYSTÈRES : affaires embrouillées, 3; — en fonction : augmentation de famille, 42.

COCARDE, porter celle de son pays : courage, vigueur, conduite honorable, 8, 62; — celle de l'ennemi : trahison, mauvaise foi, 39, 48.

COCHE d'eau : lenteur, patience, impassibilité, 1, 40. | Voyage par coche d'eau : probité incertaine, 42; — y enlever sa maîtresse : incertitude, voyage prochain, 42, 61.

COCHERS : ivrognerie insolente, 4, 32.

COCHONS : dépravation, 22; — d'Inde : exil, 29.

COCON : élévation de l'âme, 25, 63.

COEUR malade et souffrant : maladie prochaine et dangereuse à proportion de la souffrance, 6, 28; — blessé : si le songe indique une femme, ou lui arrive, il retombe sur le mari, 15, 68; — si c'est une demoiselle, sur son père ou son amant, 69; — n'en point avoir ou le perdre : mort prochaine, triomphe d'ennemis mortels, 10, 80, 87. | Le cœur, en matière de songes, signifie l'homme et le mari, en sorte que si une femme songe

que son cœur est malade ou blessé, le mal dénoté par
ce songe, arrivera à son mari, 21, 44, 67, 87; — si
c'est une fille qui songe cela, le mal arrivera à son père
ou à son amant, si elle en a un, 29, 47. — Le poumon
a la même signification, 58, 98; — le foie signifie le
fils ou le frère, 2, 25, 49, 64. | Si l'on songe qu'il
a mal au cœur, c'est signe de maladie prochaine et dangereuse, à proportion du mal qu'on s'imagine ressentir,
21, 62, 87. | Si quelqu'un songe n'avoir point de cœur
et l'avoir perdu, c'est signe qu'il succombera sous le
pouvoir de ses plus mortels ennemis, 45, 61, 82. | Songer
qu'on a le cœur plus grand, plus sain et plus gai qu'à l'ordinaire, signifie qu'on vivra longtemps, qu'on triomphera
de ses ennemis, et qu'on sera heureux dans ses entreprises et redouté de tous, 4, 60, 97.

COFFRE : vol, 32.

COIFFER : santé et esprit, 35. | Rêver se coiffer dénote
ordre, richesse future, 42, 61. | Coiffer une dame du
grand monde : abondance, 51, 43. | Se coiffer en cheveux :
si ce n'est pour assister à une grande cérémonie, déluge
de misères, 45, 62. | Être coiffé de quelqu'un : empor-
tement et jalousie, 22, 41. | Coiffeur : médisance dange-
reuse, bavard insipide, 3, 41. | Coiffure, élégante : profit,
81, 97; — négligée : désordre, 4, 30; — dérangée :
malaise passager, 25, 50.

COIN de rue : médisance, 4, 7.

COINGS : affection fidèle et profitable, 2.

COL signifie pouvoir, honneur, richesses et grandes suc-
cessions, 2, 7, 9, 40, 60. | Songer que le col est devenu
plus gros que la tête, sans être difforme, si c'est un roi

qui fait ce songe, il recevra joie et plaisir de ses cour-
tisans, bonnes nouvelles de ses armées, et réussira dans
ses entreprises; si c'est un particulier, il sera honoré pour
ses bonnes actions et deviendra plus riche qu'il ne l'est.
Le col menu dénote bêtise, 21, 62. | Si quelqu'un songe
qu'on lui a lié le col ou qu'on l'a pressé avec les mains,
c'est mauvais signe, et l'auteur du songe sera assujetti à
celui qui lui aura mis la main sur le col, 4, 32, 61, 69
| Songer qu'on a le col de travers, soit le cou d'un
singe ou celui d'une autruche, c'est signe d'infortune, de
honte et de dommage, 3, 19, 42. | Songer avoir le col
enflé par une tumeur ou par un abcès, signifie pauvreté,
7, 42, 61. | Songer avoir trois têtes sur un col, signifie
domination, force et honneurs, 1, 32, 49. | Songer être
décollé par des brigands et des assassins, signifie perte

d'enfants, de parents, d'héritages ou de biens; et à la
femme, perte de bijoux, 21, 47, 63; mais si c'est par
sentence ou arrêt de justice qu'on lui coupe la tête,
c'est signe qu'il sera délivré de tout ennui et mauvaise
affaire. Ce songe, néanmoins, signifie ruine pour les fi-

nanciers, monnayeurs, fermiers et autres marchands, 22, 61, 80. | Songer avoir la gorge coupée et n'en être pas mort, signifie espérance et bon succès dans ses entreprises, 3, 31, 62. | Songer qu'on coupe la tête à un ane, signifie sûreté dans ses affaires, ou vengeance de ses ennemis, 21, 63, 49. | Couper la tête à un poulet ou à un oison, signifie joie, festins et récréations, 45, 67, 89. | Songer voir la tête d'un lion ou d'un loup, ou d'une autre bête cruelle, c'est bon signe pour celui qui songe, il viendra glorieusement à bout de ses desseins, sera victorieux de ses ennemis, craint et respecté des siens, 3, 32, 99. | Si une femme songe qu'elle tranche la tête à son mari, et que, la tête coupée, elle a bien de l'agrément, elle réussira dans tous ses projets, 3, 17. | Songer avoir sa tête dans ses mains, signifie perte d'enfants ou de parents. Si celui qui fait ce songe n'est point marié, tant mieux pour lui,; et s'il lui semble parer et orner sa tête, il réussira dans ses affaires, 21, 33, 67, 98, 100.

COLLET : arrestation, 2, 15, 19.

COLÈRE : ennemis à vaincre, 32.

COLLINE : intrigue dans votre maison, 10.

COLIMAÇON, sans sa coquille : timidité, 24, 39; — mangeant des choux ou autres plantes dans un jardin : perte d'emploi par négligence et par paresse, 32, 61.

COLIN-MAILLARD. Rêver que l'on joue au colin-maillard est un présage de joie, de plaisir et de bonheur, 49, 62.

COLLATION : allégresse trompeuse, 19.

COLLE : dévouement, 3; — colle-forte : misère, 7.

COLIQUE : Tribulations, regrets dans son intérieur, 51.

87. | Rêver qu'un ami souffre de la colique : charges et dignités, 22, 89.

COLLÉGE, s'y trouver : leçon qu'on recevra, mortel ennui et perte de santé, 5, 22; — y aller : danger de mort, 41, 62; — y conduire ses enfants : exemple dangereux à donner, présage de fortune contraire, 41, 62.

COLLERETTE neuve, pour dame : superfluité, retour d'un parent ou d'un ami, 3, 31; — d'enfant : riche succession inattendue, 41, 62; — de jeune fille : mariage, 1, 53; — vieille et usée : bénéfice, 33, 61; — raccommodée : succès dans ses entreprises, 45, 61, 82.

COLLIER de perles précieuses. En être revêtu ou le recevoir en cadeau : médisance et caquets de femmes, 4, 32, 61. | Rêver trouver un collier d'or, de diamants ou de perles : déception, 5, 31. | Recevoir le collier d'un ordre de chevalerie : gloire menteuse, 22, 61, 87. | Collier d'ambre : bénéfice, succès dans les entreprises, 59; — de corail : mariage heureux dans un court délai, 6, 22; — de diamants : ennemis puissants, perte considérable, 3, 49; — de perles : raccommodement après une longue brouille, 5, 9, 30. | Collier quelconque : avertissement de veiller à ses intérêts, 21, 62.

COLOMBES : aménité, amour, plaisirs honnêtes, 45, 62.

Colombier : malheur, deuil, ou naissance d'un enfant qui vivra peu, 7, 81, 97.

COLONEL : noce en musique, 12.

COLONNE : honneur, bonne réputation, 7.

COLOSSE : puissante protection adviendra au rêveur, 22.

COMBAT : contestations graves qui vous menacent, 1, 17; — à la lance : réputation attaquée sans résultat, 52; —

lutter : honte et blessures qui vous tiendront au lit,25 ;
— mêlé : discorde, discussion entre parties intéressées,
52. | Combattre : mauvais signe pour tout le monde, 41.

COMBINAISON : vous réussirez dans une affaire impor
tante, 22, 61.

COMÉDIE : succès dans une entreprise, 1, 32. | Comé-
diens : on vous trompe à votre profit, 42. | Comédie, en
voir jouer une, ou bien des farces, des parades : bonne
issue de l'affaire dont on s'occupe, 45, 46, 66. | Lire des
comédies porte bonheur, 42, 63.

COMÈTES : querelles, discorde, guerre, peste ou fa-
mine, 1, 3. | Voir sur sa tête une comète : grande catas-
trophe, 41. | Voir une comète et des étoiles : nouvelles de
la mort d'une personne éloignée, 31, 59.

COMMANDANT : avancement rapide, 1, 61, 82.

COMMANDEMENT : hâtez-vous d'acquitter votre dette,
1, 22.

COMMANDER à quelqu'un : ennui, 1, 4, 11.

COMMERCE en laine : profit, 77 ; — en fer : honneur et

richesse, 18, 21 ; — en toile, soie, satin, velours ou autres étoffes : joie et profit, 84.

COMMÉRAGE : perfidie, 22, 61, 89. | Voir deux vieilles faire du commérage : enfer dans le ménage ; séparation de corps et de biens, 42, 61.

COMPÈRE, COMMÈRE. Voir un compère embrasser sa commère : amour sincère, mariage d'inclination, beaux enfants, ménage heureux, 1, 22, 61.

COMMISSAIRE. Le voir : secours et protection, 42, 72 ; — le demander : entêtement, 3, 21 ; — aller le trouver, dénote trahison, 41, 84; — recevoir sa visite : juste effroi, 25, 71, 97.

COMMISSION. S'en charger : oubli involontaire et fâcheux, 2, 22; — en charger quelqu'un : longue vie, 41, 59.

COMMISSIONNAIRE : probité : confiance bien placée, 3, 41.

COMMODE. Richesse, 21, 44. | Acheter une commode : mariage prochain, 22, 89. | Avoir du linge plein la commode : élévation rapide, 4.

COMMODITÉ : gain facilement obtenu, récolte abondante, bénéfices certains, avenir tranquille, 41, 62.

COMMUNIER, COMMUNION : danger de mort, 11, 35.

COMPAGNIE : délices d'amour, 6, 23, 40.

COMPAS. En acheter un, douleurs aiguës, 22, 31 ; — s'en servir : succès, 3, 32 ; — le vendre : courbature, 5, 53; — neuf : séduction, 51; — vieux : affliction, 64; — brisé : faiblesse de tempérament, 21, 33 ; — perdu : embûches, 45, 66; — en donner un : danger personnel, 34, 59; — le recevoir en cadeau : médisance, 64, 89. |

Avoir le compas dans l'œil : abus de confiance, 3, 22, 62, 83.

COMPLAINTE : l'entendre chanter : danger de mort, 32, 64; — l'acheter, maladie dangereuse, 45, 72; — la lire : persécution, 41, 52; — être effrayé du récit qu'elle contient : ennemis lâches, 33, 61. | En général, rêver complainte, sous quelque forme que ce soit, est toujours très-mauvais signe, 21, 64, 89.

COMPLIMENT : en recevoir : vanité satisfaite, 57, 69; — en faire un : duplicité, 1, 22, 39; — en entendre faire un : mensonge, 4, 21, 62.

COMPOTIER : l'acheter : voix mielleuse, 51, 63; — s'en servir : fortune mal acquise, 41, 69; — le vendre : flatterie hypocrite, 1, 62, 81; — le briser : perte d'emploi, 32, 41; — égaré : tourments mal fondés, 25, 42; — compote d'abricots : richesses, 21, 42; — de cerises : santé florissante, 3, 44; — de coings : mensonge, 5, 61; — de fraises : maladie de poitrine, 4, 21, 60.

COMPTER : travail inutile, 22.

COMPTOIR : suspension de payements momentanée, 33.

CONCERT de voix ou d'instruments : plaisir céleste, 31.

CONCOMBRES ou melons : en manger : faux espoir; prompte guérison, si le songeur est malade, 1, 3.

CONCUBINE : duperie, 42, 61.

CONDAMNÉ : nouvelles heureuses, 3, 17.

CONDITION (servitude) : suspension de payement, 25.

CONDUCTEUR : bien de la chance vous est réservée, 45, 61.

CONDUITE. La faire à quelqu'un : bon signe, affaire dont l'issue sera heureuse pour le rêveur et glorieuse pour la France, 33, 45.

CONDUIRE une voiture : profits qui seront longs à venir, 3, 21, 62.

CONFESSEUR : ordre à mettre dans ses affaires, 3, 37.

CONFITURE : satisfaction à quiconque rêve en faire dans sa famille, 1, 29. Malheur si elles sont gâtées, 22, 61 ; — être avec une dame et en manger : profit, 40 ; — en faire seul : plaisir sans peine, 2, 30, 60.

CONGÉ. En signifier un : fléau dont on ne peut se délivrer, 41, 63 ; — en recevoir un : fardeau dont on est soulagé, 34, 66. Mariage s'il s'agit d'un militaire ; augmentation de fortune s'il s'agit d'un commerçant ou d'un laboureur, 21, 62.

CONSCRIPTION, CONSCRIT : complication d'événements

CONSEIL : en donner à autrui sur la profession qu'on exerce soi-même, le conseil s'applique à autrui ; sur une profession qu'on n'exerce pas, il s'applique à celui qui le donne, 48, 80. | Donner un conseil : amitié rompue, 33 ; — le recevoir : ennui, 21 ; — demander un conseil : triomphe assuré, 25 ; — conseil municipal : querelles, 3, 40 ; — d'arrondissement : sécurité, 41, 62 ; — de préfecture : faveur d'un grand, 81, 97 ; — de guerre : souvenirs pénibles, 1, 22 ; — d'État : protection puissante, 49, 63. | Recevoir de mauvais conseils : discernement, 43, 61, 72, 89. | Ne prendre conseil que de soi-même : mort prochaine, 45.

COMIQUE : recevoir de bons conseils et réussir toujours, 21.

CONSENTEMENT. Le donner : argent extorqué ; dommage causé par un ami, perte d'enfant ou de fortune, mauvaise récolte, 25, 32.

CONSERVES : songez à votre avenir, si vous ne voulez mourir dans la repentir, 24.

CONSIGNE. La donner : caractère impérieux, 22, 24 ; — la recevoir : mœurs faciles, 42, 61 ; — l'exécuter : probité, gloire et récompense assurée, 31, 62.

CONSISTOIRE : réunion de parents éloignés, 21, 32.

CONSOLATION : une lettre que vous attendez vous rendra joyeux, 45, 62.

CONSOMMER : indigence, 4, 40,

CONSTANCE : votre amour est partagé, 22, 60.

CONSTIPATION : dommage causé par un ami, 45.

CONSULTATION d'avocats : ruine, 25 ; — de médecins : mort, 9 ; perte d'argent de part et d'autre, 42, 69. | Consulter un livre : instruction dont on doit profiter, 33, 51 ; — un oracle : duplicité, 22, 23 ; — ses forces :

avantage immense, 41, 63; — son cœur : éloquence, 42;
— sa conscience : honneur et profit, 45, 67; — son miroir : coquetterie, 100.

CONTE pour rire : méfiez-vous de votre bon cœur; un
jeune blond vous séduira, 32, 41.

CONTENTEMENT : argent extorqué, faux frères, 2, 30,
61 ; — en éprouver un très-vif : déception qui se prépare,
ruine par accident, 432.

CONTESTATIONS : amitié trahie, 42; — avec sa mère :
procès, 4, 21, 33.

CONTRARIÉ : ayez un peu de hardiesse dans votre industrie, 5, 32, 64.

CONTRAT de mariage : vous ne réussirez pas suivant
votre désir, 2, 47, 69.

CONTRAVENTION : médisances, 3, 21, 42, 68.

CONTREBANDE : mauvaises spéculations, 2, 23. | Con-
trebandier : tristesse, larmes dans votre maison, 7, 21, 63.

CONTRE-COEUR : votre excessive confiance compro-
mettra vos intérêts, 4, 19, 66.

CONTRE-POISON : rendez-vous manqué, brouille, 3, 62.

CONTREVENTS : entourez-vous de gens expérimentés,
27.

CONTRIBUTION : considération, bonne renommée, 5,
).

CONVALESCENCE : mariage, riche succession, 4, 20.

CONVIVES : flatteurs qu'il faut éloigner de votre mai
n, 2, 21.

CONVULSION : retour à la santé d'une personne qui
vous est chère, 5, 7. | Convulsionnaire : chagrins,
souffrance, attaque de nuit, 41, 62. | Voir une assemblée

de gens en convulsions : banqueroute frauduleuse d'un débiteur, 50, 63.

COPIER ou copie : fortune promptement réalisée, 23.

Copiste : beaucoup d'obstacles à surmonter, 4, 31.

COPEAUX : des hommes d'affaires vous ruineront, 3, 19, 32.

COQS : confiance, nouvelle favorable, 1, 32. | Coq chantant : joie et félicité, 18, 23 ; — pondant, profit sans gloire, 21, 61. | Combat de coqs : querelles, batteries, 77.

COQUELICOT : talent naturel, bon caractère, 1, 21.

COQUELUCHE : retour au bonheur, craintes puériles, 3, 42.

COQUETTERIE : chagrins dans votre ménage, 5, 30.

COQUILLAGE : voyage lointain ; au retour, mariage, 21, 32. | Coquillage vide : perte de temps ou de créance, 33, 40. | Plein : espoir de réussite, 28.

COR d'harmonie : propos d'amour, 3, 32, 61 ; — de chasse, protestations mensongères, 41, 62 : — si on en joue : peines de cœur, 45, 61, 97 ; — si on le vend : temps perdu, 31, 69 ; — si on l'achète : trahison, 42, 63, 98 ; — si on le perd : discrétion et bénéfice, 45, 62, 93. | Cor brisé : rupture, 21, 32.

CORS AUX PIEDS : peines et tourments, 45.

CORBEAU : sa vue précède la mort ; son aile signifie un péril imminent, 1, 21, 33 ; — l'entendre croasser : signifie enterrement, 5, 19. | Chasser des corbeaux : signifie bonne récolte, 7, 32 ; — en voir un grand nombre dans une plaine : signifie détresse et famine, 4, 32 ; — si vous en voyez de morts, c'est signe favorable, 22, 61. | Voir

des corbeaux faire l'amour maineur et disgrace, 10; —
— au vol : danger de mort pour la personne vers laquelle

ils se dirigent, 28, 63. | Voir son mari changé en cor-
beau : tristesse, notamment pour les caissiers auxquels cela
présage des tentatives sur leur caisse, et pour les épouses
à qui cela annonce que leur mari ferme les yeux sur leur
conduite, de peur qu'elles ne veillent sur eux, 1, 12.

CORBEILLE : accroissement de famille, 5, 90; — de
mariage : beaux enfants, épouse d'un charmant caractère ;
intérieur heureux; bonheur sans mélange, 41, 59; —
de fruits : plaisir d'amour, 21; — de fleurs : espérance,
31, 64; — d'or : abondance et fécondité, 22, 61, 82.

CORBILLARD : bientôt vous en suivrez un, ou bientôt
on suivra le vôtre, 4, 22, 61.

CORBILLON : gêne momentanée, 22.

CORDAGE, CORDE, CORDONS. Voir les cordages d'un
navire en bon état : longue vie, 4, 32; — grandeur et

7.

puissance s'ils sont brisés, 3, 49. | Acheter de la corde ou des cordons : affaires embrouillées; sinistres dans le commerce, 1, 24 ; — en faire : liaison blâmable, 5, 31 ; — en vendre : propos malveillants, 45, 61, 82. | Cordes et cordons : embarras, fatigue, 28, 34.

CORMIER : amour trompé, 21, 62.

CORNEILLE. En voir une : affaire promptement terminée, 56, 64. | Voir faire l'amour à des corneilles : long et périlleux voyage; mauvais signe, 45, 61.

CORNEMUSE. En jouer : plaintes d'un enfant maladif, dont la santé se rétablira bientôt, 3, 21; — en entendre jouer : espoir trompé, 22, 61.

CORNES. Sur la tête d'un autre : danger pour le rêveur; sur la sienne : affront, 3, 59. — Les cornes d'un animal furieux sont l'indice d'un sot orgueil ou d'une colère aveugle, 42, 63, 89, 92. | Voir des cornes sur la tête d'une femme : danger pour le songeur, dans sa personne ou dans ses biens, 11; — en porter à la main : domination, grandeur, 4, 22; — de bœuf ou de bouc ou de chèvre : colère, orgueil, témérité, supplice infâme, 1, 21, 44. — Animal portant des cornes, en trouver le foie, le poumon, la moelle : trésor caché, 22, 60. | Si quelqu'un songe qu'il digère des cornes, cela lui pronostique domination, grandeur et royauté. | Songer qu'on a des cornes de bœuf ou de quelque autre animal furieux dans le ventre, cela dénote colère, orgueil, témérité ou emprisonnement, 4, 9. 60. | Songer voir un homme qui a des cornes depuis les pieds jusqu'à la tête, signifie danger pour sa personne et perte de ses biens, 22, 39, 67.

CORNET : mauvais présage, 2, 43; — vide : mauvaise

spéculation, 6, 67, 89; — plein d'argent : perte au jeu, inconduite, 4, 33, 61.

CORNETTE : espoir trompé, bavardage, 3, 21; — de femme : infidélité conjugale, 1, 7.

CORNICHE : achat de propriété, 29, 61.

CORNICHONS : mauvais rêve, maladie, 1, 3; — en cultiver : naissance d'enfants nombreux, 25, 61; — en cueillir : mort par maladie, 5, 49; — en vendre : sécurité, 3, 21, 62; — les aimer avec passion : empoisonnement par le vert-de-gris; — en servir : trahison, 6, 67; — en offrir : tristesse, 24, 62, 89.

CORPS. En avoir un robuste : autorité, 10, 30, 45. | Corps de femme : caquetage, babil, 21, 62; — d'homme : force, courage, réussite, 3, 7; — de garde : ruine certaine, 9, 11; — quelconque : spéculations hasardeuses, 15, 32. | Voir tomber un corps : infirmités, 39, 41, 76.

CORRECTEUR : protection inattendue, 3, 11; — d'imprimerie : bon métier, votre fortune sera faite dans cinq ans et vous enrichirez tous vos amis et vos parents, 21, 41, 64, 87.

CORRIDOR : gain de procès, 7, 22.

CORROYEUR : propriété, bonnes mœurs, 9, 40.

CORSAIRE : intrépidité, succès, 11, 72.

CORSET : mariage prochain en pays éloigné, 50, 61.

CORSAGE, blanc : pudeur, 5, 32, 61 ; — de couleur : erte de biens, 3, 32.

CORTÉGE : réunion d'amis, honneurs, élévation, profit, , 9.

COSAQUES : désastre, ruine complète, 3, 61, 97.

COTÉ enflé : richesse pour la femme ou le mari. 7. 79

COTES, elles representent : celles du haut, l'époux ou l'épouse ; celles du bas, la famille. — les avoir rompues ou enfoncées : querelles entre amants, suivies de honte et repentir, 2, 32. — Casser les côtes à ses parents ou parentes, selon qu'elles sont plus ou moins élevées, sera une bonne affaire pour le songeur, 18, 28. | Les côtes plus fortes et plus larges que de coutume : bonheur conjugal, contentement venant de la famille ou de ceux qui font valoir les biens ou les affaires du songeur, 82, 88.

CUVETTE : médicaments, 41, 62. | Cuvier : santé, ordre dans le ménage, 4, 31 ; — vide : caisse bien garnie, 4, 21 ; — plein : bourse perdue, 1, 32 ; — vieux : fatigue et récompense, 5, 41 ; — neuf : joyeux festins, 3, 17 ; — endommagé : bonne récolte, 21, 62. | Emprunter un cuvier signifie prodigalité, 45, 61. | Danser dans un cuvier : santé, ordre du ménage, bien-être de la famille. | Cuves pleines de vin : prospérité, 52 ; — d'eau : modération, 63. | Voir une cuvette pleine d'eau sans en faire usage : mort dans la famille, 10, 17, 18.

CYGNE : richesses et pouvoir, 3, 64 ; — noir : ménage brouillé, 1 ; — s'ils chantent : mort, 19. | Mariage de cygnes : mort d'un poëte, 29, 32.

CYMBALES : caquets, jactance, 1, 30.

CYPRÈS : mort d'un proche, infortune, 13, 14, 15. | Voir un jardin de cyprès : mort, affliction, ou au moins retard dans les affaires, 71, 78. — Voir des cyprès, un à chacun des quatre coins d'une tombe : fidélité après la mort, 22, 44.

D : lettre funeste, chose vile et méprisable au physique et au moral, 2, 52, 63, 82.

DADA : vanité profitable, 81.

DAIM : vaine recherche de travail, 82 ; — en voir plusieurs : pusillanimité, 25 ; — leur faire la chasse : succès, 41 ; — les tuer : médisance, 17 ; — les manquer : repentir, 21 ; — mariage de daims et de daines : bonheur conjugal paisible et durable, 27.

DAIS : dignités, guérison, 1, 2.

DAMAS (étoffe) : pari perdu, 61 ; — damas (prunes) : vous ne ferez que végéter, 5, 37.

DAME (grande) : projets chimériques ; — dame (petite) médisance, commérages, 4, 61 ; — en avoir en compagnie : caquets, 4, 88.

DAMES à jouer : incertitude, calculs longs et pénibles, 28, 87.

DAMNATION : victoire, 23.

DAMNÉS : illusion, 21. | Damnés dans les flammes et cruellement tourmentés : tristesse, repentir, ennui, mélancolie, maladie, 6, 74.

DANGER quelconque : bon succès, 21.

DANSEUR, DANSEUSE : heureux augure, 9 ; — voir dan-

ser : infirmités, 8, 86 ; — voir des vieillards danser agréa-
blement : succès en ses entreprises, 2, 8 ; danser devant
une personne malade ou caduque : infortune, 8, 86 ; —
voir des danseurs de corde : agrément incomparable et
sans danger, 29 ; — voir des singes ou des chiens danser
légèrement : amitié et succès, 4, 61 ; — lourdement :
chute ou déception, 25, 93 ; — dansez-vous avec la personne que vous aimez : vous l'épouserez, 24, 25 ; — ne
pouvez-vous danser avec elle : elle se soucie peu de vous,
41, 54 ; — voir danser sur la crête d'un clocher : affaire
difficile qui aura une heureuse issue, 21, 52.

DARTRE : accroissement de richesses, 2, 22, 32,
42, 64.

DATTE. En voir : vie voluptueuse, 21, 49 ; — en manger : santé, 3, 22.

DÉ A COUDRE. En faire usage : infirmités si on est célibataire, héritage si on est marié, 3, 29 ; — dé à jouer : amour de Dieu et du prochain, 42.

DÉBÂCLE : richesse pour le pauvre, misère pour le riche, bonne récolte pour le laboureur, pour le commerçant réussite dans ses affaires, 25, 61, 82.

DÉBAUCHE, DÉBAUCHÉ : rappel à la continence, et à la considération de soi-même, maladie, regrets, peines, 5, 61, 89. | Voir des gens débauchés : rappel à la considération de soi-même, 45, 67, 82.

DÉBRIS de vaisseau : naufrage sur mer, 25, 41 ; — de dîner : famine, 61, 82 ; — d'un édifice : affliction et ruine, 25, 61.

DÉCENCE. En montrer : estime des honnêtes gens, bonne fortune, douceur de caractère, probité, 25, 62 ; — en manquer : affront public, 1, 4, 9, 11, 13.

DÉCÈS : désespoir, 2, 21, 62.

DÉCHIRER quelque chose : succès dans vos entreprises, consolation de grandes peines, faveurs de femme, 67, 87, 91.

DÉCISION : circonstances importantes de votre vie, 25, 61.

DÉCLARATION : succès, richesse, si elle a un but honnête ; si elle est déshonnête, piége tendu, 2, 64, 89.

DÉCOR, DÉCORATION : mérite, 24.

DÉCOUDRE : protection, 2.

DÉCOUPER : longue vie, 17.

DÉCOURAGEMENT : amour, 22.

DÉCOUVRIR : succession prochaine, 29.

DÉCRASSER : argent qui arrive, 4, 7, 13.

DÉCROCHER : nouvelles d'un absent qui vous donneront joie, 2, 31.

DÉCROTTEUR : menace de procès, perte certaine, 4, 11.

DÉDAIN : vos amis vous perdront, 41.

DÉDUIRE : activité, succès, aisance, 29.

DÉESSE : mensonge dont vous serez victime, 42.

DÉFENSE : désirs trompés, coquetterie, 1, 32. | Défenseur : vos nombreux amis vous abandonneront, 47, 92.

DÉFIANCE : mauvais augure, 42.

DÉFIGURÉ : bonne amitié, franchise, esprit droit, 4, 32.

DÉFLEURI : niaiserie qui cache un piége, 4, 7, 31.

DÉFRICHER : cruelle perplexité dont vous êtes menacé, 1, 32.

DÉFRISER : déréglement, 62.

DÉGAGEMENT : vérité utile que l'on cache, 42.

DÉGAT : retenue nécessaire, 1, 19.

DÉGELER : affliction, ruine, décès, 32.

DÉGRADATION : ruine infaillible, 2, 40.

DÉGRAISSEUR : désespoir de vos proches, 29.

DEGRÉ : élévation, satisfaction inespérée, 21.

DÉGRINGOLER : crainte pour vos projets, 29, 32.

DÉGUENILLER : une personne pauvre vous comblera de joie, 4, 61.

DÉJEUNER : réunion d'amis, banquet, 22.

DÉLICATESSE : maladie de courte durée, biens admirablement administrés, 42, 61.

DÉLICES : n'abusez pas des vains plaisirs d'ici-bas, 4, 31.

DÉLIRE : retard dans les affaires, 22.

DÉLIVRANCE : rentrée en possession d'un bien perdu, 51.

DÉLUGE : perte de récolte, de vendange, 27, 87.

DÉMANGEAISON : faute prochaine, 17, 28.

DÉMÉNAGEMENT : mauvaise nouvelle, surtout, si c'est débiteur qui déménage, 28, 74.

DÉMON : amour fortuné, 82.

DÉNICHER : plaisir sans égal, 17.

DÉNONCIATEUR, DÉNONCIATION : infamie, lâcheté du dénonciateur ; apoplexie foudroyante de la victime, 41, 62.

DEVISES : mensonge, 19.

DEVOIR : tromperie, 3,

DÉVORER : amour, 17.

DÉVOT, DÉVOTION : richesse, 21.

DEUX A DEUX : amourettes, 82.

DIABLE : joie et contentement, 27. | Voir le diable avec cornes, griffes, queue ou fourche : tourment, désespoir, 7, 82 ; — le combattre : péril, 9. | Causer familièrement avec le diable : richesse, 2, 7. | Être emporté par le diable : présage des plus grands bonheurs, 84, 88. | Être possédé du diable : bienfaits du prince, vie longue et heureuse, 78. | Le voir, en être poursuivi, le fuir avec effroi : persécution de la part d'un grand, poursuites judiciaires, 86. | Frapper le diable et le vaincre : triomphe de vos ennemis, gloire, vengeance d'un grand, 9, 37, | Voir le diable lorsqu'on est avec une femme : tentation à laquelle on résistera, 1, 90. | Voir des quantités innombrables de diables armés de fouets : triste présage pour les malades, 14; pour les jeunes personnes : amour, 41.

—Diable jetant dans l'enfer une femme découronnée : trésor perdu et retrouvé, 21, 82.

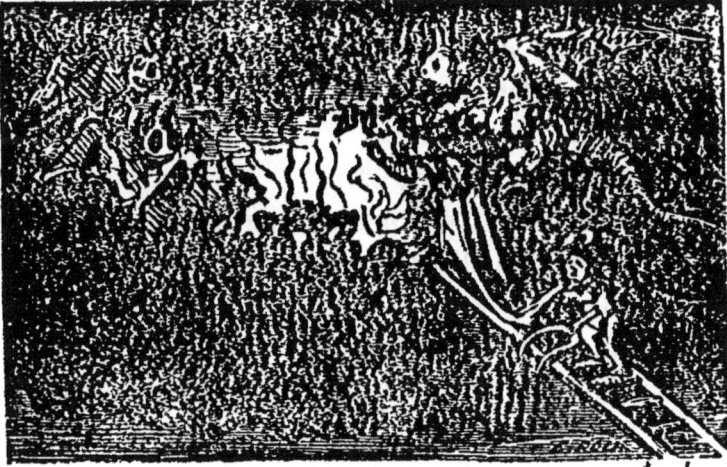

DIACRE : colère, maladie, 22.

DIAMANTS : fausse apparence de fortune, 24, 34. | En ramasser : pertes, chagrins, 2, 29; — en manger : grand profit, fortune, récompense, 27, 28, 67; — en digérer : fortune mal employée, 21, 32.

DICTIONNAIRE : Honneur, savoir, profit, 4, 7.

DIARRHÉE : bonne affaire, 47, 58.

DIÈTE : Sûreté dans ses affaires; retour d'un parent ou l'un ami, après une longue absence, 2, 31, 67.

DIEU. Le prier : consolation; recevoir sa bénédiction : prospérité constante, belle vieillesse, estime des gens de bien, 4, 31. | Rêver vouloir pénétrer le mystère de sa grandeur et de sa puissance : sagesse, prudence, mérite récompensé, 85. | Voir Dieu face à face : consolation et joie, 5, 62; — lui parler : joie et félicité pures, 90. — S'il tend les bras au songeur : bénédiction, prospérité, 68, 92.

DIFFAMATION ; Rétablissement de fortune, 2, 23, 31. | Voir un diffamateur ou diffamer soi-même : maladie, 21, 66. | Entendre diffamer son ami : vives querelles, 2, 21, 32.

DIFFÉRER : plaisir, 22.

DIFFORMITÉ. Voir une personne difforme : joie, 2, 4. | Rêver être difforme soi-même : heureux succès, 4, 25, 61.

DIGUE : passions, 4.

DILATATION : vous serez longtemps sans succès, 21.

DILIGENCE : fortune, 25. | Voyagez-vous dedans? retards dans vos affaires, 25, 41. | Courez-vous après? Vous serez longtemps sans travail, 51, 62. | La voyez-vous passer? Grande fortune, 5, 32. | Vous verse-t-elle sans que vous soyez blessé? Réussite, 2, 4, 60, 80, 21.

DISSIPATEUR, DISSIPATION : mauvais signe, désordre dans la maison et ruine prochaine, 4, 32.

DISTRIBUER, DISTRIBUTION : Bonne récolte pour le rêveur, s'il est cultivateur; héritage, s'il est employé, 22, 41; bonnes affaires, s'il est commerçant, 2, 5, 31.

DOIGT : dommages avec des profits importants, 41, 62, 87. | Songer qu'on a les doigts coupés : perte d'amis ou de serviteurs, 76; — en avoir plus de cinq à la main : nouvelle alliance, amitié, bonheur, profit, héritage, 27, 62; — avoir des bagues d'or à tous les doigts : vanité, orgueil, 19, 42.

DOMESTIQUE : mauvais amis, 22. | Payer un domestique : fidélité, soumission, 45, 62.

DOMINOS : amour, 22; — y jouer : plaisir innocent, 45, 62. | Acheter un jeu de dominos : réjouissance en famille, 25.

DON, DONATION. En recevoir d'une personne puissante : changement de fortune, 45, 51; — d'un homme : bons conseils, 51, 62; — d'une femme : amitié, 25, 42; — d'un garçon : réussite de mariage, 64, 73; — d'une jeune fille : union manquée, 51, 82. | En offrir : argent perdu, ingratitude, 41, 62.

DORMIR : paresse, indigence, besoin, 4, 32.

DORURES : honneur, considération, 51.—Dorer : prospérité dans sa profession, 4, 32.

DOS : malheur, vieillesse anticipée, 45, 61. | Songer qu'on a le dos rompu, blessé, couvert de plaies ou de gale, signifie que l'on vaincra ses ennemis et qu'ils serviront de risée, 7, 47, 82.

DRESSOIR (buffet) : bonne santé, union conjugale d'inclination, 4, 19.

DROGUES : bon augure, 2, 41. | Droguiste : méfiez-vous des gens qui vous flattent, 41, 62.

DRU (touffu) : plaisirs champêtres, joies, 41.

DUC (oiseau) : attaque nocturne, 3, 19; — dignitaire : ruine, perte de procès, afflictions, 25, 61. 82. | Duchesse : vive passion mais sans dignité ni grandeur, 22, 61.

DUEL : brouille de ménage ou entre amis, rivalité dangereuse, 27, 87.

DUPERIE : franchise, 22.

DURETÉ : trahison, 41.

OURILLON : honte, 17.

DUVET : misère, 61.

DYSSENTERIE : plaisir durable, 21.

E : avarice, tromperie, pensées mauvaises et perverses, 1, 27, 42.

EAU de senteur : infidélité, astuce, 5, 81, 93; — dormante : danger dont vous êtes menacé, 5, 61; — de mélisse : maladie d'une personne aimée, 21, 42; — de source : heureux début, succès prochain, 51, 64; — fraîche : convalescence, retour à la santé, 89, 97.

ÉBÈNE, ébéniste : lâcheté et dénonciation, 21. | Ébénisterie : homicide par imprudence, 23, 41.

ÉBORGNER : chagrins intérieurs, 4, 19.

ÉBOULEMENT : craignez un affront, 9, 13.

ÉBRANCHER : annonce de haute fortune, 15, 82.

ÉCAILLES de poisson : prospérité, 2, 7, 19; — quelconques : joie, succès, 21.

ÉCALE, coque d'œuf : mort d'un parent, perte d'un ami, 4, 19.

ÉCARLATE : honneurs sans profit, 1, 32.

ECCLÉSIASTIQUES : perte, ruine, misère, 4, 29.

ÉCHAFAUD : mauvais penchants, 42.

ÉCHAFAUDAGE : projets avortés, opérations ruineuses, 31.

ÉCHALAS : embarras dans votre route, payements suspendus, créanciers exigeants, 5, 42.

ÈCHALOTTES : amour divin, 43.

ÉCHANTILLONS : commerce prospère pour le négociant, bonne récolte pour le laboureur, augmentation d'appointement pour les domestiques ou employés, 5, 31.

ÉCHARPE : timidité nuisible, danger de maladie. mauvais signe, 60, 82.

ÉCHASSES : fortune en péril, 51.

ÉCHAUDÉS : goût dispendieux qu'il faut corriger, aisance a la suite et considération, 25, 41.

ÉCHÉANCE : ordre dans les affaires, 25, 41.

ÉCHEC : victoire, 21, 32; — le faire subir : revers, 54, 67.

ÉCHECS, y jouer : animosité dangereuse, 4, 32; — y gagner : tristesse, 42, 61. | Jouer aux échecs ou aux dames avec quelqu'un de connaissance : querelle prochaine avec cette personne. L'issue de la querelle sera la même que succès du jeu, 10, 71. | Jouer aux échecs avec un roi : haine, 31, 42; — y perdre : réussite, 54, 61; — y gagner : malheur, 2, 62.

ÉCHELLE : disgrâce, perte d'emploi, 25, 62, 89; — de potence : projets avortés, opération ruineuse, 2, 29.

ÉCHEVEAU de soie : qualités qui vous feront riche un jour, 5, 31; — de fil : affaires embrouillées, 17, 19; — quelconque : entreprise aventureuse, 43, 62.

ÉCHEVINAGE : emploi mal géré, 2, 17.

ÉCHO : hydropisie, maladie chronique, 41, 62, 90.

ÉCLABOUSSURE : maladie, 11.

ÉCLAIRS ou signes dans le ciel : discorde, guerre, 15. 31, 86.

ÉCLAT : mensonge, 21, 32 ; — de lumière : déception, 33 ; — de rire : duperie, 41, 52. | Éclater : succès, 41.

ÉCLIPSE : ruse d'amour, 22 ; — de soleil : perte considérable, 9 ; — de lune : petit dommage, 1, 9.

ÉCLUSE : passions indomptées, 3, 8.

ÉCOLE : séjour funeste, 45. | Voir dans une école faire le sabbat à des écoliers : espiègleries, malice, 4, 28, 60.

ÉCONOMIE : prospérité, 21.

ÉCORCE : flatterie, 32.

ÉCORCHURE : plaisir sensuel, 22, 61. | Écorcheur : calomnie, 1, 29, 60. | Écorché vif : transport d'amour, 55.

ÉCOSSES : longue vie, 32, 49. | Écosser des pois, 1, 22, 43.

ÉCOUTER : absurdité, 42.

ÉCRAN : vanité funeste, 4, 31.

ÉCRASER : triomphe sur ses ennemis, 5, 62.

ÉCREVISSES rouges : séparation de corps, 10, 13 ; — noires : retard dans les affaires. | Voir un mariage d'écrevisse : douleur, désunion, 3, 8.

ÉCRIRE : bonnes nouvelles d'un ami ou d'un parent, 21, 32. | Écrire à ses amis : enfant à naître, 41, 62

ÉCUME : orgueil qui causera votre perte, 29, 31.

ÉCUREUIL : vigilance, réussite, 42, 64.

ÉCURIE : gloire éphémère, activité, 52, 89. | Avoir

des bœufs dans les écuries : hospitalité, accueil favorable, 80, 88.

ÉCUYER : opulence par le travail, 2, 13.

ÉDENTÉ : défaut d'ordre, héritage mal employé, 24, 35.

ÉDIFICE : payements suspendus, 46, 57.

EFFACER : emploi perdu, disgrâce et dommage, 68, 79.

EFFETS : goût dispendieux, orgueil, 81, 93.

EFFIGIE : souvenir agréable, 4, 15.

EFFORT : victoire dans vos projets, 26, 37.

EFFROI : courage, 21, 24.

EFFRONTERIE de femme : larcin et police correctionnelle, 41, 62 ; — d'homme : insulte, 25, 97 ; — payer d'effronterie : succès, 4, 21, 62.

ÉMEUTE : plaisir dangereux, 61.

EMMAILLOTTER. Voir emmaillotter un enfant : réussite, 6, 69, 82.

EMPOIS : entreprise heureuse, 22.

EMPLATRE : maladie, 35.

EMPLETTES : héritage, 27.

EMPOISONNER : timidité, 51.

EMPRUNTER : prudence, 29.

ÉMULATION : lâcheté, 22.

ENCENS : flatteurs, parasites, trahison, 58, 60, 61.

ENCHANTEMENT, en former un : audace et maléfice, 45 ; — en être l'objet : perte dans le commerce, 90.

ENCLUME : travail, sûreté, 3, 33, 51. | Recevoir sur la tête une enclume : le travail vous fera une heureuse vieillesse, 25, 61.

ENCRE : testament qui vous sera favorable, 45, 21 ; |

Boire de l'encre : accommodement, 26; — répandue : brouille prolongée, 87.

ENFANTS, en voir plusieurs courir dans la maison affaires heureuses, 15, 20; — causer avec eux : gaieté, 1, 11, 21. | Petits enfants : fécondité, accroissement de famille, 4, 13, 25. | Voir un enfant au sein de sa mère ou de sa nourrice : bonheur, 5, 75; — le tenir dans ses

bras : tendresse, bon cœur, 51, 62; — le conduire par la main : heureuse issue dans une affaire périlleuse, 34, 51; — mort : héritage certain, 21, 42; — jouer avec lui : bonheur inespéré, 42; — en avoir beaucoup : Dieu protège les grandes familles et les bénit, 61, 82. | Féliciter quelqu'un de la mort de son enfant : lâcheté, infamie vol, hypocrisie, ignominie, 22, 33. | Voir un enfan refuser le sein à sa nourrice : maladie longue, dangereuse, à moins que la personne qui fait ce songe, ou que l'on y voit, ne soit une femme enceinte, et, dans ce cas, son enfant serait une fille qui vivrait peu, ou bientôt elle perdrait son mari, 1, 20. | Enfant monstrueux : malheurs et dangers, 62. | Enfant de cire : fausse amitié, 83.

ENFANTEMENT, y assister : joie et prospérité, 20, 29; — s'il est de plusieurs enfants, le succès sera encore plus grand, 83; — s'il est malheureux : projets manqués, 90. | Enfantement contre nature : maladie dangereuse, 60, 92.

ENFER : effroi, craintes puériles, 21, 32.

ENFILER : union heureuse et très-prochaine, 41, 62.

ENFLURE : mauvais présage, 59, 67.

ENGAGEMENT, engager : folie, mauvaise gestion, 52, 81.

ENGELURE : peines, chagrins passagers, désirs indiscrets, 63.

ENGOURDISSEMENT : négligence qui vous sera préjudiciable, 22, 41.

ENLÈVEMENT : spéculation malheureuse, 22; — réussi : mariage heureux, 3, 31.

ÉNIGME : piége qui vous sera tendu, 3, 40.

ENSANGLANTÉ : menaces d'un grand malheur, 21, 62.

ENLUMINER : dissipation, inconduite, 15, 78.

ENNEMI : vous êtes menacé d'une perfidie, 7, 69.

ÉPERON : malheur imminent, 17.

ÉPERVIER, en prendre un : profit, 78, 99.

ÉPINARDS : santé, 45.

ÉPINES : sensualité, 27, 32, 41; — en voir : méchants voisins, 19. | Se changer en épines : grand tourment, 1, 12; — en être piqué : périls dans la fortune ou les emplois du songeur, surtout si c'est en tombant d'un arbre.

21, 22. | Être couché au milieu des épines : commérages de femmes, méchancetés de voisins, blessure dangereuse et peut-être mortelle, surtout si parmi vos calomniateurs vous voyez votre père, ou votre mère, ou votre frère et votre sœur, 29, 87.

ÉPINGLE : économie et profit, 41.

ÉPITAPHE : souvenir éternel, 42.

ÉPITRE : blessure, 31.

ÉPONGE : fortune engloutie dans une faillite, 21, 62.

ÉPOUSER : bon signe, 42, 59.

ÉQUERRE : injustice prochaine, 7.

ERMITE : fidélité d'ami, 31, 90; — l'être : danger im-

minent qu'il faut éviter à tout prix, 52, 64; — se mal
conduire dans cet habit : piété sincère, 34, 63; — les voir
jouer aux cartes, boire à pleines bouteilles, danser et se
griser : procès gagné, 19, 33, 41; — les voir emportés par
le diable : contentement, satisfaction, travail assuré, réussite dans le commerce, bonnes affaires, 3, 17, 21, 47, 69;
les voir se divertir avec des chèvres : tranquillité de con-
science, succès d'argent, 21, 49, 73. | Voir un ermite en
prières : bienfaisance, 41, 52. | Voir mourir un ermite
en odeur de sainteté : bon exemple, amour divin, 32.

ESCALIER : profit, joie, 2; — le monter : ruine, détresse, 6; — le descendre : trésors à ramasser, 26; — en
tomber : perte de fortune, 36, 47.

ESCLAVE : en voir punir un : infortune, 23, 89.

ESCALADER une maison : victoire, succès, 10, 49; —
une place forte : procès, 19, 40.

ESCROC : honnêteté commerciale, 4, 27, 62. | Songer
que tout le monde ne médite que des escroqueries; en
commettre une : démêlés en justice, 4, 32, 61.

ESPION : souvenirs pénibles, 21, 72.

ÉTOILES. Songer qu'on porte sur le front des étoiles
claires et brillantes : prospérité, profit en voyage, bonne
nouvelle, réussite complète, 4; — sombres et pâles :
malheur à son comble, 44; — brillant dans la maison :
danger de mort pour le chef de la famille, 41; — avec
queue : bonne nouvelle, 1, 25; — tombant du ciel :
chute d'une grande maison, 14; — tombant à travers le
toit : maladie, abandon de la maison, incendie, 64, 74. |
Songer que l'on crée des étoiles : succès dans les affaires,
21, 62.

ÉTOURNEAU : petit plaisir, 1, 2.

ÉTRANGER, en voir un : curiosité satisfaite, 5; — l'ac-
cueillir : amour de son prochain, 17. — Vous parle-t-il?
bon signe, 21.

ÉTRENNES : convoitise, tracas, 4; — En acheter : hypocrisie, 7; — en recevoir : misère, chagrin, ennui, 42,
— en donner : avarice, désir du bien d'autrui, 84.

ÉTRIERS : voyage prochain, 16, 61.

ÉTRILLE : piége dangereux, 1, 17, 32.

ÉTUDES : faire les siennes : joie de longue durée, 6,
17, 77. | Étude de notaire, d'huissier ou de tout autre
fonctionnaire public : chagrins, peines, tourments, 45,
61, 87.

ÉTUI : découverte d'objets égarés ou volés, triomphes
d'ennemis, grand profit, 8, 81, 93.

ÉVANOUISSEMENT : douce volupté, 71.

ÉVENTAIL : rivalité, petite perfidie, 3, 67, 87.

ÉVÊQUE : grand personnage, 32, 61, 71.

EXCRÉMENTS : bonne aventure, 32, 64.

EXCÈS : récompense, 61, 82.

EXÉCUTION : aide et secours, 61, 82.

EXIL : heureuse fin, 29, 32; — y voir aller quelqu'un :
tracas, larmes, 56; — y aller soi-même : grand succès
dépit de l'envie, 63, 80.

EXPÉDITION : longue route, 4, 61, 89.

EXTASE : surprise favorable, 1, 39.

EXPERT : triomphe des méchants, 45.

EXTRAVAGANCE : mépris public, déshonneur, 47, 86.

F : raisonnements qui vous convaincront à faux : imperfection, diminution d'ardeur 60, 87, 91.

FABLE : projet, joie pour tous, 45, 22. | En conter une : bon signe, si c'est un homme, 42, 81 ; — profit, si c'est une femme, 21, 42 ; — espérance, si c'est un jeune homme ou une jeune fille, 17, 21 ; — joie et profit, si ce sont des vieillards, 40, 81, 93.

FABRIQUE : association, 31.

FEMME à la maison : projets, 42 ; — dans un temple : consolation prochaine, curiosité qui ne sera pas satisfaite, 51 ; — près d'un monument funéraire : richesse, 3, 42, 61 ; — embrasser sa femme : nouvelles d'une personne absente, retour prochain, succès dans une entreprise, 15, 92. — Femme coquette : mensonges, fausses nouvelles, 2, 82 ; — méchante, en souffrir : zèle, industrie, moyens d'acquérir, richesse proportionnée au besoin, 3, 19, 80. | Satisfaire ses goûts dispendieux : manque de courage, indolence, 51, 63 ; — lui acheter des diamants : opulence, succès, fortune immense, 4, 31, 64. | Voir une femme élevant ses enfants : civilisation, 31 ; — femme belle :

amour, 32, 61; — jeune : bonté, 47; — blonde : richesse, 19, 21, 54; — brune : amour platonique, 57, 68; — plusieurs femmes au bal : rouerie et mensonge, 59, 05. | Voir sa femme heureuse et belle : tromperie, mensonge, mépris, 25, 62; — la voir dans sa famille : voyage, bonheur conjugal, 59, 83; — la voir maltraiter : redoutez l'influence de vos ennemis, 31, 42; — la voir danser : joie, 4; — pleurer : peines, misères, 12; — défunte : ingratitude, 45, 62; — la voir ressusciter : aisance, bonheur, 25, 63; — la voir triste : infamie, 52, 53. | Voir les bras d'une femme : bagatelles, 11. | Voir des femmes noires et velues : honte et ruine, 90; — riantes, blanches et potelées : joie de courte durée, ruine de tempérament, 48, 49, 62, 87; — les voir en fête : querelles, discussions, 32.

FEU : bon augure, 4, 7. | Voir son cœur en feu : réjouissance, 4, 21, 62, 89, 100. | Voir du feu : signifie colère, danger, 2, 14, 20. | Voir un feu modéré dans son foyer sans fumée ni flammèches : parfaite santé de corps et d'esprit, abondance, festins, réjouissance avec des amis, 4, 14; — le songe contraire annonce des colères, des disputes, la dissipation des biens, et dans certains cas, de mauvaises nouvelles, 26, 35. | Feu amorti : indigence, nécessité, défaut d'argent, 3. | Feu allumé sans peine : génération d'enfants heureux, et qui feront honneur à leur mère, 6, 10; — flambeau ou chandelle allumée et fumant : tristesse, douleur, 12, 15; — si c'est une femme qui les allume : signe de grossesse et d'heureuse délivrance, l'enfant lui-même sera heureux, 18. | Feu ardent : fièvre et colère, 25; éteint : pauvreté, 32; jette-t-il de longues flammes? dissipation, 61 ; un homme l'allume-t-il ? il sera heureux père, 54; est-ce une femme qui l'allume? elle donnera le jour à de beaux enfants, 52; se brûle-t-on avec le feu? projets avortés, 67; y touche-t-on sans douleur ? fructueux résultats, 81. | Feu allumé avec peine et qui s'éteint : honte et dommage aux époux dont l'un des deux fait ce songe, souvent causé par le songeur lui-même, 67.

| Où l'on brûle soi-même sa femme et ses enfants : succès en dépit des envieux, 55, 66. | Feu, y brûler : présages d'une fièvre violente, 6, 76 ; — y voir brûler quelqu'un : le présage menace celui ou celle qu'on a vu en songe, 10, 19. | Feu, le digérer : ouvrages rudes, mais avantageux, 41, 65, 83, 98. | Feux follets : souvenirs de parents ou amis décédés, 2, 24, 61. | Feux de la Saint-Jean : promenades champêtres, 2, 5, 62. | Feu d'artifice : réjouissance en Dieu, 81, 97, 99.

FEUILLES : réjouissances, 23 ; — leur chute : maladie dangereuse, 13, 23, 30.

FÈVES : tendresse, 82 ; — en manger : querelles, dissensions, maladie, 69, 58, 67,

FIANÇAILLES, FIANCÉS : mariage d'inclination, 4, 61, 89.

FIDÉLITÉ : joie de votre maison, 1, 3, 22.

FIEL : querelles, dissensions, maladie, 67, 58, 69 ; — épanché dans le corps : colère contre les domestiques, querelle de ménage, perte au jeu, attaque par des voleurs, 3, 39.

FIÈVRE : ambition, bêtise prétentieuse, vanité puérile, humiliation, désirs ambitieux, extravagants, 18, 28, 78.

FIGUES. En voir dans la saison : plaisir et bonheur, 4 ;

hors de saison : chagrins et infortune, 18 ; — en manger :
dissipation des biens, 25. | Figues sèches : dépérissement
de fortune, 2, 12 ; — en voir de fraîches : bonheur, 32 ;
— sur l'arbre et en manger : plaisir d'amour, 32.

FIGURE riante : bon garçon, femme aimable, 41 ; —
triste : mari chagrin, femme acariâtre, 51 ; — belle : sotte
gloriole, 22 ; — laide : bon cœur, 42, 61. | Voir un hom-
me et une femme se souriant avec amour et souriant à
leurs enfants gais et beaux : bonheur en ménage, 41, 67,
89.

FIL, FILER : secret impénétrable, humble position, 4,
61. | Couper du fil : mystère, intrigues secrètes, 60 ; —
en dévider : découverte d'un secret, 30 ; — l'embrouiller :
nécessité de dérober un secret à tous les yeux, 35. | Fil
d'or : réussite à force d'intrigue, 35 ; — d'argent : in-
trigue déjouée, 53. | Filer : chagrin, ennui, 3, 30.

FILASSE : misère dont vous êtes menacée, 45, 62.

FILET : tout vous échappera, en richesse et en
amour, 42.

FILETS pour pêcher : pluie, ou plutôt changement de
temps, 2, 22.

FILLE : honneur, profit, bonne compagnie, 78. | Marier
sa fille : galanterie, amourettes, cancans, 2, 31. | Quand
vous voyez en rêve une jolie fille : elle vous rappelle que
les petits cadeaux entretiennent l'amitié, 55, 62 ; — si elle
est laide : rare dévouement, 42, 61. | Rêver qu'on obtient
en mariage une charmante jeune fille est un présage de
bonheur, 5, 17 ; rêver qu'on l'enlève par surprise ou par
force, annonce douleur et larmes, 42, 61, 87.

FILS : piété et travail, 41. | En avoir plus de douze,

peines pour l'avenir, chagrins, 4, 61, 87. | Avoir fils et fille : volupté, langueur, chagrins, 42, 62. | Parler à son fils : dommage, 26, 27.

FILLEUL. En avoir un : dévouement, 5, 18.

FILOU : réussite en dépit des méchants, 1, 19.

FLACON : ivrognerie, inconduite, 21, 63.

FLAGEOLET, instrument à vent : amourettes, 22 ; — haricot : plaisir sans remords, 32.

FLAMBEAU : trésor trouvé, 41, 63 ; — éteint : emprisonnement, 5, 40 ; — allumé : profit, 4, 3 ; — allumé avec ou sans peine, flambeau et lanterne allumés ou éteints : malheur, 3, 21.

FLEUR DE LIS : doit faire augurer grandeur, puissance, 88, 90. | Si l'on songe voir et sentir du laurier de l'olivier et du palmier, si c'est une femme, elle aura des enfants ; si c'est une fille, elle sera bientôt mariée ; si c'est un homme, cela dénote amitié, joie, prospérité, abondance et bon succès dans ses entreprises, 4, 61, 87, 99.

FLEUVE : maladie, procès, protection attendue et nulle 45, 61, 82. | Nager dans un fleuve immense : péril et danger à venir, 77 ; — s'y noyer : vous annonce mariage avec une jeune femme sage et belle pour laquelle vous deviendrez fou d'amour, 7, 61, 89.

FLOTTE : voyage malencontreux, 49.

FLUTE : probité, 32.

FLUXION : longue vie, 44.

FOIE : dissipation et perte de richesses et trésors, 45 ; — voir ou trouver celui d'un ennemi : c'est triompher de cet ennemi, s'enrichir de ses dépouilles, 52. | Foie, moelle ou poumon d'un taureau, d'un bouc, d'un bélier, ou de tout autre animal cornu, 41, 59 ; — les trouver : succession prochaine aux biens, emplois et dignités d'un supérieur, 26, 44 ; — se manger le foie : souffrance, 5, 21.

FOIN : triomphe de tous projets, réussite certaine, 4, 61. | Foin ou fourrages de bonne odeur : accident grave, 26 ; sentant mauvais ou ne sentant rien : soustraction d'effets, 16, 18.

FOIRE : tourment, inquiétude, besoin, 52, 62.

FOLIE. Être fou, faire des extravagances en public : longue vie, faveur du prince, amour du peuple, plaisir, 4, 6 ; — si une fille ou veuve fait ce rêve : prompt et heureux mariage, 46, 64 ; si c'est une femme mariée : naissance d'un fils qui sera quelque jour un grand personnage, 99.

FONTAINE ou ruisseau d'eau claire : abondance, santé pour le malade, 42, 67 ; — le contraire si l'eau est troublée, bourbeuse, 9, 18 ; — les voir jaillir chez soi : honneur et profit, 6, 66.

FORÊT : amour fécond, 32.

FORTERESSE : plaisir, 41.

FORTUNE sur sa roue : danger prochain, 1, 90.

FOSSÉ. Le sauter ou le passer sur une planche : embûches, trahison, dépôt nié, tromperie par gens de justice, 5, 85 ; — y tomber : amour, 21.

FOUET : chagrin domestique, ennui causé par un parent, 25, 61, 82 ; — le donner : chagrin pour soi-même, 21, 33 ; — l'acheter : plaisir pour autrui, 19, 34, 48 ; — le perdre : gain et profit, 31, 64.

FOULARD : réglez vos dépenses avec attention. 45, 57, 62.

FOULE : importunité, 88.

FOUR : aisance, richesse, 8 ; — allumé : abondance, 89 ; — extrêmement ardent : changement de lieu, 9, 17.

FOURCHE : tourment, persécution, 3, 7.

FOURCHETTE : parasites, 2, 23, 36.

FOURMIS : tentation, 18, 76.

FOURNAISE : changez de conduite, 5, 1

FOURNEAU : amour tendre, 81.

FOURRAGE : richesse, récolte abondante pour le laboureur, commerce prospère pour le négociant, amitié pour les jeunes gens, 45, 62.

FOURRURE : sort heureux pour une femme, médiocrité pour un homme, misère pour une jeune fille, 24, 65.

FRAISES, FRAISIER : jeux innocents, gain inespéré, prompte guérison de maladie, 42, 61. | Manger des fraises : profit attendu, 10, 72.

FRAMBOISES : bonnes nouvelles, 17.

FRANCE : gaieté, courage, 21.

FRANC-MAÇON : mystère, bienfaisance, 3, 57.

FRAPPER avec une épée ou un bâton : bonheur sans pareil, 19, 42.

FRAYEUR : superstition, 42.

FRÈRE : hypocrisie et vol, 1, 33. | Frères et sœurs : jalousie, querelle de famille, 13. | Rêver qu'on voit son frère : trahison imminente, 25. — Lettre de frère : mensonge, lâcheté, 52, 61. | Songer qu'on voit mourir ses frères et sœurs : profit et joie, 89 ; — leur parler : fâcheries, 8 ; — les voir morts : longue vie, 9, 17.

FRUITS : félicité, plaisir suivi de peine, 31, 64.

FUIR, fuite ; vous n'échapperez pas au danger qui vous menace, 5, 17.

FUMÉE : fausse gloire, 78. | Se nourrir de fumée : vous dissiperez bientôt tout votre patrimoine, 45, 61.

FUMER une pipe : médiocrité, 21 ; — un cigare : plaisirs éphémères, 32.

FUMIER. En voir : abondance ; — s'y coucher : déshonneur, 4, 21, 33. | Se nourrir de fumier : honte et conduite crapuleuse, 24, 67.

FUNÉRAILLES. Riches : honte, 4, 31 ; — indigents, réussite très-prochaine, 4, 7, 31.

FURIE : tout ce qui a rapport à ce mot est de mauvais présage. | Songer qu'on rencontre des furies ou harpies, ou monstres, moitié femmes, moitié serpents : tribulations suscitées par l'envie, par une haine mortelle, 8, 88, 99.

FUSEAU : petit profit, courage à prendre, 51, 62.

FUSÉE : mauvais présage, accident inévitable, 22, 44. | Tirer des fusées : triomphe d'un moment, 90, 97.

FUSIL (tirer un coup de) : profit trompeur, ennui, colère, 1, 61. | Songer que votre mère vous tire un coup de fusil pour vous tuer : malheur dans votre famille, scandale public, 45, 61.

FUTAIE : amour, 32.

FUTAILLE vide : prospérité, 41, 52 ; — pleine : intérêt avantageux, 51, 63 ; — brisée : triste augure, 4, 21. | Songer qu'au lieu de ventre on a une futaille : grossesse heureuse, 24, 67, 83, 97.

G : lettre fatale, ordres sacrés qu'il vous faudra accomplir tout de suite si vous ne voulez pas encourir la colère céleste, 1, 32, 64.

GABELLE : ennui, ruine, 21.

GAGE : perte de biens, 33.

GAGEURE : incertitude, étourderie, 50, 63.

GAGNE-PETIT : personnage traître et méchant, qui se plaît à semer le trouble et la désunion, 11, 61.

GAGNER : tribulations, 21.

GAIN : héritage, 42.

GAINE : argent bien placé, 67. | Poignard en gaîne : perte de trésors, divulgation de secrets, 89.

GAITÉ : fortune, 1, 22.

GALANTERIE : inconstance, 23. | Galanterie près des dames : satisfaction et bonne santé, 21, 32; — si une femme fait ce songe : bonheur dans le commerce, 33, 41; — si c'est une fille : inconstance, 7, 15.

GALE : mort d'un père ou d'une sœur, 41.

GALERIE : commerce, fortune, 39.

GALÉRIEN : audace, courage, force, 53, 69; — s'il s'évade : malheur, 1, 80.

GALET : maladie, 27.

GALETTE : travail récompensé, 67.

GALON : orgueil, 39.

GALOP : amour et folie, 19.

GANGRÈNE. Avoir un membre gangréné : perte d'amis, 3, 31; — tout le corps : travail et grande famille, 13, 70.

GANTS aux mains : honneur, 2, 4, 62.

GARÇON : succès, 17. — accoucher d'un garçon : folie, 21. | Belle-fille et beau garçon, signifie amour partagé, 3, 22, 63.

GARDE champêtre : poursuite judiciaire, 4, 59; — malade : domestique infidèle, 21, 32. | Rencontrer un garde occupé à manger : bon signe, festin, feu, prudence, économie, 21.

GARDE, la voir faire patrouille : perte de peu de conséquence, 63; — l'appeler : confiance, 21, 87; — la voir emmener quelqu'un : gaucherie, 18, 81; — se voir pris par elle : travail, sûreté, 29, 88. | Garde, la monter : fatigue, ennui, 6, 41. | Garde-malade : santé, sûreté, 10. | Garde-manger ou cabinet : mort ou au moins maladie de la dame du logis, 11, 61; — le voir en feu : richesse, 21. | Gardes-robes : profit, avantage, 1, 67.

GARDER les bestiaux : richesse, 33, 37, 57.

GARENNE : fortune, grandes richesses, 1, 20.

GARNISON : favorable augure, 4, 31.

GASCON, gasconnade : vous serez joué par un roué, 21.

GATEAU : heureux présage, fortune, contentement, 42.

GAUFRES, en manger : bonheur de famille, 22, 31; en faire : réconciliation, 43.

GAULE : richesse, 5, 7.

GAZ allumé : succès, 64, 82 ; — éteint : honte, 32, 41. | Fuite de gaz : mort prochaine, 21, 32.

GAZE (voile) : discrétion, rendez-vous nocturne, 7, 11 | Être habillé de gaze : mystère, modestie, 16, 32.

GAZON : gain, 18.

GÉANT, géante, et généralement tout être monstrueux succès, triomphe assuré, 16, 37, 89, 97.

GELÉE ; maladie incurable, 2, 21.

GENDARME : heureux ménage, 3, 49.

GENDRE : mariage d'un ami, bonnes nouvelles, 25, 62.

GÉNÉRAL : mauvais augure, 4, 60.

GÉNÉROSITÉ : annonce que l'on est estimé de chacun, 25.

GENIÈVRE : amertume, vie laborieuse et pénible, 7, 32.

GÉNIE : arme, querelle, esprit, favorable augure, 5, 60.

GLACES : apprentissage, étude quelconque, 24, 71.

GLACE (frimas) : amour, 22.

GLADIATEUR : angoisses, 43, 46.

GLANAGE, GLANER : longues recherches, 5, 62.

GLAND. Rêver qu'on voit ou qu'on mange des glands : disette, pauvreté, 2, 23.

GORGE, la couper à quelqu'un : tort qu'on lui causera sans le vouloir, 8, 18. | Gorge, l'avoir coupée sans en mourir : vous êtes dupé par votre femme, 31, 49.

GOURMAND. Rêver qu'on est gourmand : dissipation, 3, 49. | Voir des gourmandises : tentation, désir du bien d'autrui, 59, 67.

GOUTTEUX, en voir un : santé dans la maison, 42, 62.

| Mains atteintes de goutte, si l'on est jeune : terreur panique, danger personnel, 17; — si l'on est vieux ; langueur et misère, 68, 87.

GOUVERNANTE : soins de la maison, 1, 32.

GOUVERNEUR : récompense acquise par de longs services, 7, 41.

GRACE : bonne fortune qui va vous survenir bientôt, 5, 21.

GRAINS : abondance, richesse, plaisirs champêtres, 32.

GRILLE, GRILLAGE : succès amoureux, évasion, liberté d'un captif, 1, 32.

GRILLON : rendez-vous nocturne, bavardage, 45, 72.

GRIMACE : fâcheux caquets, traîtrise, mensonge préjudiciable, 23, 30.

GRIMOIRE : mauvais présage, superstition, 21.

GRIMPER : succès dans vos démarches, 22.

GROSEILLES : fidélité, gaieté, 5, 31. | Groseilles rouges : constance, 12; — blanches : satisfaction, 7; — noires, plaisir, 34; — Hors de saison : infidélité, 72.

GROSSESSE : joie de la maternité, bonheur et richesse dans le ménage, 2, 41, 62. | L'homme qui rêve la grossesse de sa femme (effectivement enceinte), aura un fils qui viendra bien et lui ressemblera, 12, 15.

GRAISSE : amour, 22.

GUÉ : péril, 17.

GUENILLES : richesse, bon signe, capacités, fortune et honneurs, 34, 61.

GUÊPES : affliction pour qui en est piqué, 21, 63; — bonheur pour qui les tue, 5, 17. — Bourdonnent-elles autour du rêveur? médisances, 21, 62, 87.

GUERRE : paix, 17, 19.

GUERRIERS : liquidation, 21, 47,

GUEUX : aisance, 3, 45,

GUI : superstition, incurie, paresse, désordre et misère prochaine, 31, 44,

GUICHET : prisonnier délivré, 47.

GUINGUETTE : divorce, 25, 61,

GUILLOTINE : malheur par accident, 21, 32,

GUIRLANDE : hommage, mariage, 29.

GUITARE : faveurs de l'amour à qui chante une romance en s'accompagnant de cet instrument, 57, 61, 89.

GYMNASE : hommage d'un subalterne, 24, 92. | Femme faisant de la gymnastique : mariage d'inclination : 45. | Enfants jouant et faisant du gymnase : santé, longue vie, plaisirs et richesses, 4, 21, 97,

H : lettre favorable ; — signifie plénitude, propreté, conservation, intelligence, 42, 61.

HABILLEMENT : contrariété, 17. | En voler : déshonneur public, 2, 21. | Porter un habit râpé : contrariétés,

45, 63; — drons ; tourments, 17, 41 ; — neuf et à la mode : santé excellente, 54, 61 ; — sale : déshonneur, 4,

22 ; — de diverses couleurs ; injures et brouilles, 4, 31. | En vendre ; prodigalité, 6, 37. | Rêver que vous êtes dépouillé de vos habits, annonce qu'un de vos ennemis cherchera à flétrir votre réputation, 45, 54. | Voir un marchand d'habits : détresse, 67, 79. | Voir brûler et consumer ses habits : ennui, médisance, injures, pertes de procès, brouille entre amis, 2, 65. | Habits, argent ou provision volés : tromperie de femme, 42, 63. | Porter un habit écarlate ; maîtresse adorée, mari infidèle, 69, 83.

HACHE : danger, 32.

HAIE : obstacle déjà vaincu, 41.

HAILLONS : richesse, 29.

HAINE : bonheur, 33. | Rêver qu'on hait quelqu'un, ami ou ennemi, est un augure favorable, 41. | Être haï de sa mère : dignité, 47 ; — de son frère : prospérité, noblesse, 62 ; — de sa sœur : réparation d'injustice, 34.

HALEINE : santé, bonheur, 42 ; — douce : faveur, 21, 44 ; — mauvaise : disgrâce, 47, 59. | Courir à perdre haleine : inquiétude, 31, 42, — reprendre haleine : bénéfice, 64, 87.

HALLE : trésor caché, 42. | Bien approvisionnée : commerce florissant, 5, 19 ; — vide : mauvaises affaires, faillite, 61, 89. | Aller à la halle pour y vendre : bonne récolte ; — pour y acheter : bon signe, 44, 51 ; — incendiée : faillite, 27. | Halles et marchés : détresse, peine, manque de provisions, 1, 55.

HALLEBARDE : guerre, 31. | En porter une : sûreté, 46 ; — la briser : fatigue vaine, 6, 92.

HAMAC : voyage de long cours, succession, 2, 21.

HAMEAU : heureuse médiocrité, joie, consolation, espérance, mariage d'inclination, 5, 39.

HAMEÇON : trahison de femme, 52, 61.

HANNETONS , piége, 21.

HARDES neuves : bouillante jeunesse, 3, 42 ; — vieille : adolescence maladive, 5, 89 ; — déchirées : caducité prématurée causée par l'inconduite, 6, 41.

HARENG : vice, 32.

HARICOTS : critique et médisance des subalternes, 5, 24, 36, 72. | Haricots blancs : grandes peines, 21, 52 ; — rouges : bon signe, 19 ; — verts : conduite coupable, 21, 34, 45.

HARPE, en jouer : harmonie conjugale, 19, 32 ; — en voir une ; envie du bonheur d'autrui, 1, 47.

HÉMORRAGIE : haine implacable, 5, 82.

HERBAGE : négoce rempli de vicissitudes, 5, 32 ; — chagrins dont on sera consolé par un héritage considérable qui vient d'Amérique, 2, 32.

HERBES : trahison, 43 ; — crues, telles que salades, oseille, pourpier, etc. : douleurs, embarras dans les affaires, 11, 27. — En manger : pauvreté, maladie, 29, 65, 67.

| Herbe verte : tracasserie, 5, 64 ; — sèche : perte considérable dans le commerce, 59, 67.

HÉRISSON : infortune, 4, 31.

HÉRITAGE ; Avant-coureur infaillible d'une succession, 5, 12. | Être frustré de son héritage par vos ennemis : ruine, misère, chagrins, 58, 90.

HERSE : travail récompensé, 21.

HEURE : favorable augure excepté l'heure de minuit à une heure du matin qui est toujours fatale et meurtrière, 13, 14, 15. | Voir l'heure sur une horloge : affaires embarrassées, 42, 63 ; — sur une montre : rendez-vous amoureux, 4, 7. | Devancer l'heure d'un rendez-vous : inquiétude, 43.

HIBOU : tripotages que vous découvrirez, 22.

HIRONDELLE : sagesse, 37, 45. | Son nid : bonheur et bénédictions pour la maison à laquelle il tient, 62, 85. | La voir entrer dans la maison : nouvelles d'amis, 47, 61. — Hirondelle de mer ; en voir voler sur les flots : nouvelle de pays lointains, 11, 22 ; — nouvelle agréable si elle vole vers vous, 42 ; — voyage prochain si elle vous tourne la queue, 55 ; — tristesse si elle rase la terre pendant l'orage, 47.

9.

HIVER : maladie inflammatoire, 22 ; — pluvieux : névralgie, 1, 24 ; — précoce : fièvre bilieuse, 5, 32 ; — doux : crainte d'une mauvaise récolte, 43 ; — rigoureux : amour de Dieu, 31.

HOMICIDE : sûreté, 14, 41, 73.

HOMME, beau de figure : satisfaction, joie et santé, quand c'est une femme qui fait ce songe ; débats violents, embûches à craindre si c'est un homme, 38, 39. | Vêtu de blanc : biens à venir, 6, 63 ; de noir : perte considérable, 13, 73. | En tuer un : malheur ; plusieurs : gloire et honneurs, 41.

| Voir un homme grand : jalousie, 21, 32 ; — petit : conquête, 45, 61 ; — brun : adulation, 55, 67 ; — blond : fatuité, 19, 41 ; — roux : trahison, 51, 67 ; — mort ou assassiné : sécurité, 22, 37 ; — coiffé d'un chapeau : embûches, 56, 89 ; — la tête nue : confiance, 41, 52 ; — jeune : brillant avenir, 64, 87 ; — vieux : considération, 55, 99 ; — dans la force de l'âge et travaillant : succès, 21, 33 ; —

se promenant : richesse, 52, 89 ; — gros : prospérité, 25, 72 ; — bossu : tromperie, 12 ; — boiteux : plaisirs, 49.

HOPITAL : mensonge, 42 ; — plein : bonne santé, 1, 34 ; — vide : maladie, 5, 59 ; — servi par des sœurs de charité ou par des infirmiers, et y soigner des malades ou des blessés : mort sans agonie, 5, 22, 49, 54, 68. | Songer qu'on est soi-même à l'hôpital : misère, privation, 1, 9, 33, 73. | Y mourir : espérance divine, 3, 9.

HORLOGE : ruine, 20, 42.

HOROSCOPE : bénédiction, 15, 42, 54.

HOTEL : tourment, 44, 69. | Être dedans : perte ou maladie, 23, 47.

HOTELLERIE : bonheur et bénédiction, 32, 44.

UCHE : abondance, richesses, 3, 9 ; — vide : détresse, 1, 16.

HUILE : perte infaillible, 9, 27 ; — répandue : profit, 16, 79. | En recueillir : probité, grand avantage, 8, 95.

HUISSIER : embûches, accusation par de faux amis, 41, 69.

HUITRES : amitié, joie, 2, 40. | En manger : profit, succès, 50, 62.

HURE de sanglier : triomphe sur un ennemi puissant, 4, 90. | La manger : contrariété, humiliation, 45.

HUSSARD : bonheur conjugal, 22.

HYDRE, serpent à plusieurs têtes : félicité et amour, 42.

HYDROPISIE : besoin, grossesse mystérieuse, 8, 28, 84.

HYMNE : amour volage, 43.

HYPOCRISIE : défiez-vous de votre frère. 7.

I : muses, douleurs, peines, attentats, lettre favorable, 1, 17, 82.

IDOLATRIE : mauvaises affaires, 2, 22, 71, 91. | Être idolâtre : présage de grands malheurs par entêtement, 59.

IF : mort, 41, 59.

IGNORANCE, IGNORANT. Rêver qu'on est ignorant : mauvais augure, malheur inévitable, 22.

ILE : ennui, solitude, 69.

ILLUMINATION : réjouissances dans votre famille, 27, 72.

IMAGES : plaisirs, transports de joie, amitié, 6, 26, 64, 66.

IMPRIMERIE : désir de s'instruire, 41, 73.

IMPUISSANCE : fortune imprévue, illustration, 26, 32, 72, 93.

INCENDIE. Maison brûlant d'un feu clair et pur sans qu'elle soit consumée ni détruite : emplois et dignités, 4, 27, 61, 74, 68. | Si la maison est consumée : grandes adversités, peines, procès, hontes, malheur, ruine et mort imprévue, 8, 64, 93. | L'incendie fait présager : danger de mort pour qui le voit, brillant héritage pour qui l'éteint, 42, 63, 89, 97.

INCESTE : progrès dans les arts, 1, 14, 41.

INCONNU : gloire, honneur, succès, expédition d'affaires, 86, 89. | Si c'est une femme avec des cheveux beaux et longs : amour, 47, 87. | Rencontrer un inconnu : réclamation inattendue et désagréable, 5, 62.

INCONSTANCE : réussite certaine en amour, 32, 61.

INCRÉDULITÉ : décision salutaire, 4, 22.

INDIFFÉRENCE : mariage, 19.

INDIGENT : tristesse, 19.

INDIGESTION ; sobriété, 42.

INFAMIE : emplois et honneurs lucratifs, 21.

INFANTICIDE : cruauté, déshonneur, 42, 51.

INFIDÉLITÉ : honneurs, biens et santé, 29.

INFIRME, INFIRMITÉ : sombre tristesse, pensées déses
pérées, misanthropie, 51. | Voir une personne infirme :
affliction, 36. | L'être soi-même : absence de toutes sortes
de maux, 3, 63.

INGRATITUDE. Vous en subirez prochainement une qui
vous affligera, 5, 17.

INHUMATION : fidélité, pardon, 32.

INJURES : honnêteté et bon commerce, 19, 41. | En
dire : bienfait méconnu, 5, 19. | En recevoir : ingratitude
de ses proches, 32, 47. | Être injurié par sa mère : mar-
ques d'amitié, faveur, 16, 37, 72; — par son frère ou par
sa sœur : services qu'un ami vrai vous rendra, 52.

INJUSTICE : indulgence, 64.

INNOCENCE : regrets superflus, 82, 93.

INTERDICTION, INTERDIT : liberté, signe excellent, 22.

INTÉRÊTS. Emprunter à gros intérêts : propension à
l'usure; prêter à gros intérêts : loyauté, profits, 17. |
Quand on s'occupe des affaires d'un autre, trahir ses intérêts, très-mauvais présage, liberté d'action entravée, 41, 62.

INTERPRÈTE : rendez-vous aux avis que l'on vous
donne, 2, 19.

INTRÉPIDITÉ : rêve d'un favorable augure, 5, 19, 47.

INTESTINS : querelle de famille, perte, dommage, afflic-

—

tion, 45. | Manger ses intestins : héritage à venir, mort de parents, 43. | Manger ceux d'autrui : fortune aux dépens des autres, 44.

INVENTAIRE : banqueroute dans laquelle on se trouvera compris, 32, 71.

INVENTION : propension à l'usure, avarice, protêt, énivrement de vanité, 42.

INVALIDES : vieillesse tranquille, bonne renommée, 5, 17.

IRONIE : démêlés en justice, ennemis puissants, 22, 62.

ITALIEN : amour des arts et de la liberté, 42.

IVOIRE : patience et beauté, 81.

IVRAIE : projets heureusement accomplis, 21.

IVRESSE : opulence, bonne santé, longue et nuisible

vie, 32. | Être ivre : accroissement de fortune, retour de santé, 10, 61. | Sans avoir bu : mauvais signe, action qui déshonorera, reprise de justice, 19, 44. | Ivresse accompagnée de maux de cœur et de souffrances internes : vois et déprédations domestiques, 8, 62.

J : lettre favorable : perfection, 5, 21, 49.

JABOT : gloriole, 19.

JACINTHE : confiance mal placée, 32.

JACASSER : sagesse malheureuse, 18.

JALOUSIE : ingratitude, 5, 22.

JAMBES : richesse et bonheur, 32, 41.

JARDINAGE : rêver qu'on possède un jardin et qu'on s'occupe de jardinage : maison bien ordonnée, mariage et augmentation de famille, héritage, 32. | Rêver qu'on se promène dans un jardin dont les arbres sont dépouillés de feuilles et de fruits : tristesse et perte de ceux que vous aimez, 29, 47. | Si le jardin est en fleurs, il présage une brillante récolte et un grand succès dans les affaires, 5, 19, 27.

JARRETIÈRES : bonne amitié, 55, 67, 81 ; — enlever celles d'une mariée dans un repas de noce : plaisir discret et troublé, 21.

JASMIN : franchise, esprit droit, 1, 29, 37, 42.

JAUNISSE : Santé, nouvelles d'un parent, succession, 51, 64.

JET D'EAU : Tranquillité du cœur, amour sincère, 2, 17, 93.

JEU : gain au jeu : disparition de femme ou d'ami, 5, 12. | Perte au jeu . changement avantageux de position, 7, 42. | Passer la nuit au jeu : espérances dissipées et détruites, 49, 62, 87, 90. | Si l'on songe jouer à des jeux de compagnie, comme au gage touché, au propos interrompu, ou divers autres jeux amusants, mis en usage dans les réunions, cela signifie prospérité, joie, plaisir, santé et union entre ses parents et amis, 43, 75. 87. | Jeu de hasard, y jouer avec son ennemi : c'est être à la veille de donner prise sur soi, 22, 56, 69. | Y gagner : perte d'amis, 17, 81; — v perdre : soulagement, 16, 72. | Jeux inno-

cents : joie, santé, plaisirs, prospérité; union des familles, 18, 81. | Jeu de boules : changement le position, 5, 32;

—de cartes : ruine, perte d'enfants, déclaration d'amour agréé, 7, 34 ; — de l'oie : succession de grands parents, 45, 62 ;—de domino : intrigue à la nuit, vengeance d'une femme, 5, 82.

JEUNE : oubli de ses devoirs, mauvais ton, 41, 59, 73.

JEUNESSE : infirmité, 8, 20. | Voir une femme jeune : richesse, fortune imprévue, 8, 88 ; — lui parler : consolation, 8, 81. | Être refusé par elle : fausse joie, 1, 11. | Songer qu'on est vieux et qu'on se croit jeune : craintes mal fondées, 13, 33, 83. | Se voir jeune : félicité, bon temps à passer, 22, 28, 57. | Rêver de sa jeunesse : temps perdu, 42, 61. | Rêver qu'on est jeune, annonce la force et la santé et prédit une vieillesse misérable, 4, 29.

JOUES : candeur, mariage d'inclination, 5, 19, 27. | Joues grasses et vermeilles : prospérité interrompue, 77, 71 ; — maigres, creuses ou blêmes : adversité subite, 12, 21. | Joues trouées : chagrins domestiques, 4, 32, 61.

JOUET, JOUJOU : niaiserie, arrière-pensée, enfantillage et préjudice, 21, 62. | Boutique de joujoux : chagrins domestiques, curiosité punie, 2, 21, 32, 47.

JOUTE quelconque : paresse, nonchalance du rêveur, 5, 77.

JONGLEUR : dextérité, intelligence, 22, 31.

JOURS : avertissement du ciel, 21, 62.

JOURNAL : instruction, contrôle utile, 21, 62. | Lire beaucoup de journaux : renseignements profitables sur les affaires qui vous concernent le plus, 41, 89. | Médire des journaux ou les détruire : mensonge, raillerie, 15, 31, 72.

JUGES : malice et cruauté, 51 ; si le songeur a quelque reproche à se faire ; voir un juge : disculpation, 41, 62. |

En exercer les fonctions : doute, cruelle perplexité pour un cœur honnête, 1, 89, 90, 97. | Se trouver en jugement : affaires qui réclament toute votre sagacité, 42, 89. | Insulter un juge : affabilité, accroissance de biens, 1, 22, 61 ; — l'embrasser : triomphe d'une cause mauvaise en apparence, 4, 32, 89.

JUIF, JUIVE : apparences trompeuses, le rêveur sera enrichi, 1, 29, 60. | Juif-Errant : changement de position, projets de voyage, 45, 62, 87.

JUMEAUX : maladie d'enfants, héritage, 21, 68, 89.

JUMENT : prochain mariage, 41, 52.

JUPON : insulte, honte, 80, 95 ; — long : respect de tous, 21, 62 ; — blanc : coquetterie, 31 ; — troué : amour perdu, 22.

JURER : brusquerie, 41.

JURY : honneur, 21.

JUS : remords, 1, 57.

JUSTICE : droiture, 42. | Repris de justice : plaisirs cachés, 21, 63.

K. Lettre favorable : bienfaisance, 1, 29.

KAKATOÈS : caquet, indiscrétion, 12, 24, 72 ; — en

manger un ou une soupe à la tortue : plaisir discret, 39,
| Songer qu'on achète un kakatoès : amourette, 32.

KANGUROO : affaires embrouillées, 31, 64.

KAOLIN : richesse, 22.

KIOSQUE : amourette, 32.

KNOUT : horreur, 22, 73.

KORAN : sensualité mystique, 1, 33, 89.

KYRIELLE : ennuis provenant de galanteries déplacées,
5, 89.

L. Lettre fatale : austérité, 51, 62.

LABORATOIRE : connaissances étendues, 51, 62. | Voir
brûler un laboratoire : danger de maladie, 45, 92.

LABOURER la terre. Lorsque c'est la profession du son
geur : profit, heureuse récolte, 1, 17 ; — quand ce ne
l'est pas : chagrin et mélancolie, 1, 88, 91. | Voir labou-
rer : activité, succès, abondance, aisance, prospérité, considération, tranquillité, bonheur, joie, belle et nombreuse
famille, 29, 41. | Labourer une terre féconde et jeune :
félicité, bon temps à passer, 22, 28, 57.

LABYRINTHE : mystère dévoilé, 42. | Entrer dans un la-
byrinthe accompagné d'une femme belle et jeune : fortune,
richesse, amour, 43, 61.

LACET : discrétion, 22.

LACHE, LACHETÉ : chagrins, affront, ennui, médisance, adversité, 4, 32, 61.

LADRE, LADRERIE : soupçon, 22.

LAINE : bonheur champêtre, union en famille et en amitiés, 45, 73. | Habit de laine : réprobation, honte, affront, chagrins, ennuis, trahison, médisance, soupçon, adversité, 4, 32. | Vendre des laines : douceur de caractère obligeance, 31, 62.

LAIT, LAITERIE, LAITIÈRE : fécondité, 41. | Rêver boire du lait : frugalité, santé, 47, 89. — Verser du miel et du lait sur un tombeau couvert de fleurs : tendres émotions auxquelles succèdent les plus amers regrets, 21, 62. | Songer qu'une femme vous laisse prendre à son sein de son lait : amitié de femme, 1, 11, 21, 33. | En répandre : perte dans le commerce, 15, 28, 61.

LAITUE : Joies suivies de grandes peines, mauvais signes, 4, 20, 51. | En manger : soupçons, chagrins, 5, 31. | En voir : maladie cérébrale, 42. | Être en compagnie d'une jolie femme à cueillir de la laitue : maladie morale, ennuis, 21, 63.

LAME. Tranchante : décision irrévocable, 4, 21 ; — ébréchée : fatale irrésolution, 5, 17 ; — sanglante : grande révolution, décision maladroite, 21, 62.

LAMPE. Allumée : transport d'amour, 5, 21 ; — éteinte, oubli, ingratitude, secret urgent, 2, 42. | Lustre : élévation, 4, 32. | Porter en plein jour une lampe allumée : éloignement des affaires, 71. | La porter sur sa tête : passions et peines, 18. | Lampions. Un seul allumé : joie, bonheur, 1 ; — éteint : misère, folie, 11. | S'il y en a un grand nombre : plaisir, 22. | Lampe avec un abat-jour : amour oublié, 7, 21.

LANGUE : finesse, réserve, astuce, ivrognerie, honneur, sagesse, prudence, retenue, 72; — longue : regrets, soucis, désespoir, 7, 27; — petite : esprit fin et réservé, 22, 61, 89; — large : éloquence, 1, 32, 54; — mince : méchanceté, 65, 89; — épaisse : bonté, 41, 49; — silencieuse : prudence, 32; — bavarde : retenue nécessaire, 57.

LANGUEUR : insouciance funeste, 42. | Femmes en langueur : somnolence des sentiments honnêtes, oisiveté, luxure, 43.

LANSQUENET : fièvre et périls, perte de temps et d'argent, ruine, perte de procès, 47, 81. | Y jouer : guerre dans le ménage, 51.

LANTERNE : dispute de famille, 1, 22; — allumée : indécision, 5, 65, 82; — sourde : malice, projets méchants, complot, 22, 61, 87.

LAPIN. Blanc : succès, 24, 61; — noir : revers, 89, 97. | En nourrir : santé bonne vie, 21, 32. | Voir un mariage de lapins : faiblesse, 2, 20. | En tuer un : tromperie, perte, 6. | En manger : santé, 60; — blanc avec des yeux rouges : amitié, succès, 82; — jaune : chagrins, 90, 97

LAQUAIS : ennemis secrets, 6, 9, 90; — derrière un carrosse : orgueil, ostentation, 1, 87, 93.

LARD. En manger : triomphe sur ses ennemis, 32; en couper : nouvelles de mort, 73, 99. | Lard frais : victoire; 42; — rance : adversité, 51; — fumé : affliction, 51; — avec des vers : décès, 62.

LARMES : gaieté, 22.

LASCIF : Mœurs dissolues, mépris public, discorde, 42, 59.

LASSITUDE : Hâtez-vous dans vos entreprises, 42, 61.

LATIN : mystère, 7, 49.

LATRINES : profit, considération, 5, 81. | Les nettoyer, plaisir céleste, 41.

LIÈVRE. Voir un mariage de lièvres : ingratitude, 25, 32, 61; — voir se battre des lièvres : courte mémoire, billets protestés, saisies, procès, 21, 32.

LILAS : amers regrets, 32.

LIMACE et LIMAÇON : Infidélité conjugale, couardise, 31, 89. | Voir un mariage de limaces : folies de jeunesse, amers regrets, 41, 52. | Limaçon. Rampant : bêtise, 32; — renfermé dans sa coquille : sympathie des grands, 42, 64. | Montre-t-il ses cornes? : infidélité de femme ou de mari, 52, 63. | Venant vers vous : retard dans vos affaires, 51, 62.

LIME : mépris de vos ennemis, 5, 64.

LIMON. D'escalier : sécurité, 24, 61; — de voiture :

force, 21, 43; — brisé : mauvaises nouvelles, 5, 34. |
Limon de la terre : richesse progressive, 41, 62.

LIMONADIER : transports sacrés, 29.

LIN : grâce et fraîcheur, 32.

LINCEUL : mort dans la maison, 55.

LINGE : fortune, aisance, 43, 65, 75, 81 : — blanc :
héritage, 32; — sale : décès, 29.

LION, LIONNE ET LIONCEAUX : audience d'un grand
personnage, 4, 42. | Le combattre : lutte prochaine avec
un adversaire redoutable, 57. | Si une femme enceinte
rêve voir un lion, c'est le présage qu'elle deviendra mère
d'un enfant qui sera stupide et lâche et sera tué dans la
carrière des armes, 45, 61, 97. | Voir un mariage de
lions : bêtise, 32. — Voir une lionne : malheur qui vous
menace, 41. | Voir les lionceaux : l'union fera le bonheur
de votre famille, 45.

LIQUEUR : votre douceur gagnera l'estime générale,
41. | Boire de la liqueur douce et agréable : faux plaisirs,
36, 39, 63.

LIQUIDATION : succès, 32.

LIRE des romans, des comédies, etc., avec plaisir : consolation et joie, 6; — des livres sérieux ou de haute science :
vertu, sagesse, 7; — des écritures : bonne fortune, 43,
97. | Lire un manuscrit : vos affaires prendront la marche
que vous désirez, 45, 62. | Lire un bon livre : bonnes
mœurs; 42, 57; — un mauvais : entraînement au vice
dangereux seulement pour les cœurs pervertis 81, 99.

LIS : innocence, 89, 93. — Lis morts : espérances vaines, 12, 19; — bien fleuris : heureuse innocence, 13,
25, 74.

LIT. S'y tenir seul : péril, 46, 76 ; — bien fait : sécurité, 81 ; — en désordre : secret à découvrir, 87, 90. | En voir brûler les piliers sans qu'ils se consument : bon signe pour les enfants mâles de celui à qui appartient le lit, 64, 67. | Lit nuptial : bonheur fidèle, 4, 22.

LIVRE : profit, agrément, sagesse, 49.

LIVRET : sécurité, confiance, estime, 4, 32.

LOGEMENT. En avoir un grand : la misère vous attend, 51, 89, 97 ; — un petit : riche héritage, 52, 61. | Voir brûler son logement, perte de temps et d'argent, 7, 47.

LOTERIE. En voir les numéros : gain au jeu, petit risque pour un grand profit, 5 ; — les voir renversés : perte, ruine, 67, 76.

LOUANGE : santé, 41.

LOUP, LOUVE, LOUVETEAU : commerce avec un homme avare, cruel, sans foi, 21, 40. | En être mordu : mal et perte provenant de cet homme, 12, 16, 42. | Le vaincre : triomphe complet, richesse, 18, 40. | Voir une louve qui vous dévore : redoutez votre mère, 5, 61, 82. | Loups : années de souffrances, 14, 22, 63. | Loup-cervier : caducité précoce, 47, 89, 93.

LOYER : mauvais présage, 47.

LUBRICITÉ : plaisir dangereux, 21.

LUMIÈRE : courage, instruction, sagesse, véritable amour, 42. | Étant dans un navire, voir au loin une lumière bien claire : voyage de mer exempt de tempêtes, et succès hors de toute espérance, 50. | Lumières en grand nombre : profit, 5, 55.

LUNE : amour et santé de l'épouse, aquisition d'argent, 6, 90 ; — nouvelle : expédition d'affaires, 3, 41 ; — brillant autour de la tête : pardon et délivrance par l'intercession d'une femme, 6, 66, 76 : — ensanglantée : voyage, pèlerinage, 69. | Lune obscure : mort ou maladie d'épouse, de mère, de sœur de fille, péril en voyage, maladie du cerveau ou des yeux, 81. | Lune en forme de visage plein, et d'une blancheur éblouissante, si c'est une fille ou une veuve qui la voit ainsi : prochain mariage, 1, 2; — si c'est une femme : naissance d'une belle fille, 4; — un homme marié : naissance d'un fils, 40; — un orfèvre, joaillier ou banquier : heureux pronostic, 62. | Toucher la lune : payement assuré, 41.

LUNETTE : disgrâce, mélancolie, 5, 52.

LUSTRE avec bougies allumées : mariage, 32.

LUTRIN : plaisanterie grossière, 9, 19. | Chanter au lutrin : dévergondage, 1, 25.

LUZERNE : goûts champêtres, 7, 82.

LYRE : tendresse, 21.

M : lettre triste, tristesse, 89, 97.

MACARONS : aisance, 1, 19.

MACARONI : gourmand, parasite, 25, 45, 62.

MACHINE ; perte d'argent, 4, 29, 61. | Machine en mouvement : industrie florissante, prospérité dans ses affaires et présage de joie, 46, 67; — inerte : perte de temps et d'argent, 45; — à vapeur : progrès fécond et avantageux, 29 63.

MACHOIRE, gencives, joues enflées : richesse pour quelques parents ou amis, 7, 86.

MAÇON : ennui, fatigue, folles dépenses, 3, 42. | Voir ensemble plusieurs maçons : mauvais présage, pauvreté, 4, 32.

MAÇONNERIE : ruine prochaine, 25, 62.

MAGICIEN : événements imprévus, surprise, 46, 56,

MAGISTRATS : loyauté, 21.

MAIGRIR et s'exténuer : chagrin, procès, perte de biens, danger de maladie, 4, 7, 9.

MAGNÉTISME : conduite loyale, fortune compromise, besoin de s'instruire, surprise agréable, 42, 61.

MAITRE, MAITRESSE : dignité, 21, 42; — avoir une servante dévouée, désintéressée, fidèle, loyale, quoique un peu toquée, est le plus grand bonheur qui puisse arriver aux familles où périt l'un des chefs, surtout la mère, 82, 89, 93, 99. | Songer que l'on est un serviteur fidèle, et qu'on se dévoue toute sa vie à des maîtres bons, généreux, est un songe qui indique que l'on aura du bonheur, et qu'on sera comblé, soi et ses enfants, des bénédictions de Dieu, 1, 73, 89. | Rêver qu'on bat sa maîtresse, si elle est sale, injuste, défiante, ingrate, et sans affection : augure très-bon, et qui doit faire grand plaisir au serviteur qui se sent placé chez de mauvais maîtres; dans ce cas, plus il rosse et éreinte sévèrement son maître ou sa maîtresse, plus il est sûr qu'il aura de bonheur et de plaisir, 32, 89, 97.

MAITRESSE (amante) : réussite en amour, grande joie, union fortunée.

MAL : agrément, 21. | Mal de tête : fortune, 32 ; — d'estomac : plaisir, 41. | Rêver avoir mal à quelque partie du corps est le signe de bonne santé, mais d'un esprit troublé, auquel le repos est nécessaire, 45, 75. | Rêver qu'on est malade soi-même : santé florissante, 42, 61. | Voir un parent ou un ami malade : présage de peine passagère, 21, 32. | Coucher avec un malade : tristesse, prison, 1, 75. | Servir les malades, les consoler : joie, profit, bonheur, 57, 92. | Maladie secrète, honteuse : fortune déshonorante, 12, 95.

MALLE : courage et tendresse, 29. 31.

MAMELLES : respect, vertu, 32; — pendantes : inconduite, 5, 47, 62. | Mamelles multipliées : adultère, 48, 81; — pleines de lait : gain, 18, 84, 92.

MANCHETTES : honneurs, emplois, 7; — de dentelles : dignités à la cour, 72; — déchirées : perte d'emploi, 31; les avoir pleines d'excréments : grands honneurs, 41, 62, 99.

MANCHON : cœur dur, 1, 10, 11, 97.

MANCHOT : escroquerie, 22.

MANGER : duperie très-prochaine, 48; — par terre : emportement, 1, 55. | Manger salé : maladie, murmures, 9, 16, 18; — du pain : longue vie, 43; — de la viande : force, 39; — des fruits : plaisir salubre, 27. | Voir manger les autres : argent trouvé, 57. | Si vous rêvez qu'on vous invite à vous mettre à table : fidélité d'amour, 49. | Manger de toutes sortes de mets avec un très grand appétit : richesse et honneur, 22. | Si un mari songe qu'il mange le cœur de sa femme, c'est signe qu'il aura une maîtresse qui lui sera très-fidèle, 3, 17. | Si une femme songe qu'elle fait rôtir le cœur de son mari et qu'elle le mange avec plaisir, c'est signe qu'elle trompera son mari, 25, 61, 82; — si on prépare soi-même ces aliments, on aura beaucoup d'enfants, 43, 51; — si on les offre, c'est un mariage qui se prépare, 32, 59. | Rêver qu'on n'en peut plus prendre : maladie chimérique, 27, 53. | Rêver qu'on va manger dans un vase d'argent : grande satisfaction, 7, 15, 41. | Si l'on mange de l'or, cela dénote qu'on sera volé par un usurier, 47.

MANNEQUIN : incapacité, 17.

MANSARDE : amourettes, 9.

MANTEAU : dignités, 50, 88 ; — noir : dévouement recompensé, , 51, 62. | Être couvert du manteau d'une femme ; présage d'une mort violente, 64, 89. | Manteau rouge : cruauté, infamie, hypocrisie, 97. | Mantelet de femme : amour fortuné, 1, 19, 21.

MANUFACTURE : richesse, 32.

MANUSCRIT : succès, espérance flatteuse, 24.

MAQUIGNON : richesse, honneur, 27, 72, 91 ; — avec les chevaux : impostures, fourberies, 65, 68, 93.

MARAIS : misère en dépit du travail, 7, 47, 97.

MARAUDEUR : inquiétude, retard, 40 ; — l'être soi-même : chagrin, souffrance, 45, 91.

MARBRE : brouille, refroidissement, 3, 58, 60, 99.

MARCHAND : vol et procès, 17.

MARCHÉ : profit, 23.

MARCHER : richesse, 1, 22. | Faire une marche rapide, affaire pressante, 5. | Marcher d'un pas ferme : instruction dont on profitera, 15, 45 ; — sur des pierres : profit, 42, 51. | Marcher vite : but rapidement atteint, 42, 59 ; — d'un pas lent, à reculons : infériorité, souffrances, 22, 49 ; — sur du sable avec des béquilles : récompense éclatante et méritée, 31, 64.

MARCHE sur l'eau : succès, 89 ; — de nuit : richesse, 42, 97 ; — sans but : mort prochaine, 21, 93 ; — à cul-de-jatte : infamie, 22, 63, 87.

MARÉCHAL : tristesse, 82.

MARGUERITES : amourettes, 31.

MARI : mariage, bon signe, 11, 15. | Se marier avec sa mère : tristesse, 22, 69, 87.

MARIN : voyage périlleux et lointain, 21, 32, 64.

MARIONNETTES : subalternes, domestiques zélés et vous portant bonheur, 1, 55, 97.

MARMELADE : nouvelles favorables pour un mariage, longue vie, joie et satisfaction, bonheur inespéré, 41, 59.

MARMITE : bon ménage, 6, 67 ; — pleine : aisance, 5, 34 ; — vide : espoir, labeur, ruine passagère, 5, 19, 89. | Marmiton : fortune en péril, mêlée de franche gaieté, 4, 21.

MARMOTTE : patience dans l'adversité, 41. | Mariage de marmotte : pauvreté, paresse, 11, 46.

MARNE, MARNEUR : signe favorable, sagesse et bien-être, 45, 62.

MARRAINE : protection mensongère, 29, 67, 88, 97.

MARRONS crus : douce espérance, 45, 57 ; — cuits : réunion d'amis, 42.

MARTEAU : mauvais présage, 51, 62.

MARTINET : mépris général, inconduite dévoilée, 51, 63.

MARTYR, MARTYRE : puissance, oppression, 7. —

Songer qu'on est le martyr de sa mère, de son frère ou de sa sœur : honneurs et vénération publique, 33, 97.

MASCARADE : richesse, 11, 77. | En faire partie : réussite, 17, 71. | Se mêler à une mascarade : joie de courte durée, 1, 19.

MASQUE : hypocrisie, 21, 42, 63.

MATELAS neuf : bon intérieur, 4, 2; — vieux : péril, tristesse, maladie, 45, 61.

MATELOTS : danger en voyage, 7, 67.

MATELOTE : tendresse refroidie, 5, 21; — en manger : commerce florissant, 4, 29, 57.

MATIN : gaieté, 21; | Se lever matin : profit, avantage, 1, 2.

MAURE : amour, 3, 21.

MAUSOLÉE : fidélité, 45.

MÉCANIQUE : héritage rendu après avoir été spolié, 21, 63.

MÉCHANCETÉ : inquiétude, remords, abus de confiance, 3, 29, 61.

MÈCHE : ouvrage nocturne, 40, 69, 87.

MÉDAILLE : amour partagé, 3, 17. | Médaillon : souvenir fidèle, 5, 19, 22.

MÉDECIN : mort, 12, 13.

MÉDECINE (prendre) : détresse, 4, 51; — la prendre avec gaieté : insouciance, 8; — la donner à quelqu'un : profit, 63; — la rendre du haut : banqueroute, 4; — du bas : affaires en bon train, 16.

MÉDISANT : profit, 19, 45, 67.

MELON : niaiserie, incapacité, 29, 62.

MÉMOIRE. Rêver l'avoir perdue : malheur prochain, 52, 63. | Rédiger un mémoire : accusation, 29, 62. | Mémoire à payer : argent qui manquera, 1, 29.

MÉNAGE : mauvais mariage, 24, 67. | En voir un bon : jalousie, 42, 62, 89. | Rêver qu'on se querelle dans son ménage : sensualité, 87, 93. | Rêver qu'on est heureux en ménage : annonce que l'on a une femme de beaucoup d'ordre, ou un mari excellent, 4, 22, 61.

MENDIANT, MENDICITÉ : inconduite, humiliation, paresse, mauvais signe, 54, 61. | Rêver qu'on bat des mendiants, activité, prospérité, bon augure, 5, 41, 64. | Si l'on rêve que quelques pauvres ou mendiants sont entrés dans la maison et qu'ils ont emporté quelque chose par vol ou par force : signe de mort, 13, 14, 15 ; — estropié : hypocrisie, 48.

MÉNÉTRIER : vive joie, 17.

MENOTTES (avoir les) : emprisonnement d'un parent ou d'un ami, 5, 92.

MENSONGE : trahison d'un frère, mauvais client, 4, 20.

MENUISIER : bonnes nouvelles, joie, consolation, 42, 61. | Menuiserie : ordre, arrangement, 53. | Travailler soi-même en menuiserie : plaisir, 22.

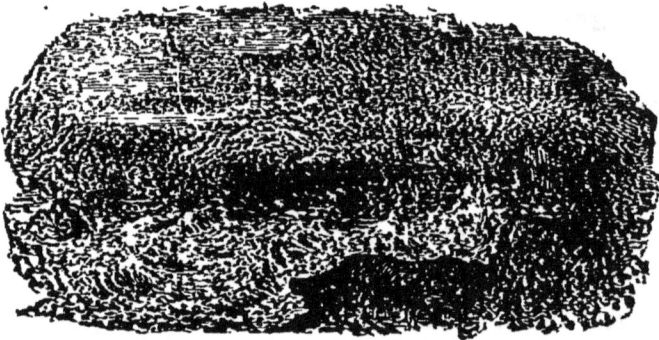

MER : prospérité, 7, 18. | La voir claire et médiocrement ondoyante : facile administration de ses propres affaires, 4 · — trouble : profit suivi de ruine, 46, — dans un calme plat : retard et lenteur dans les opérations commerciales, 44 ; — violemment agitée : perte, chagrins, adversité, 61 ; — y tomber : santé, 32.

MERCERIE, MERCIER : intrigant, intrigue, femme commode, 21, 32.

MÈRE : bon signe s'il s'agit d'une mère dans le vrai sens du mot, 5, 21, 42. | Signe des plus fatals s'il s'agit d'une mauvaise mère comme il y en a tant, qui batte ses enfants, leur mange leur bien par dilapidation, folie, méchanceté, vengeance et cruauté, 41, 82. | Être maudit par une mauvaise mère : dignité, modestie, honnêteté, travail sage et loyal, 83, 97. | Bonne mère : rêver à sa mère, bonheur parfait, 1, 22, 41 ; l'embrasser malade : perte irréparable, 41, 52. | Rêver qu'on est mère ou qu'on va l'être : tendresse inépuisable, 82, 89. | Sortir du ventre de sa mère : pas difficile dont on se tirera bien, élévation en dignité, 63 ; — y rentrer : retour au pays si l'on en est éloigné, réunion de parents ou d'amis, 48. | Demeurer avec elle : sécurité, 27, 41 ; — la voir : profit, 20 ; — lui parler : heureuse nouvelle, 57 ; — la voir morte : péril dans la personne ou les biens quand elle est en vie dans la réalité, 69 ; — la voir morte si elle est morte, et l'aimer et la bénir en songe : fidélité d'un cœur pieux, 45, 61.

MÉRINOS : richesse, considération, prospérité, 5, 22.

MERLANS. Dans l'eau, petit profit, 21, 49 ; — dans la friture, perte légère, 6, 30. | En manger, convalescence, 5, 31.

MEULE : oppression, 17 ; — de rémouleur : mort, 51 ; — de moulin : aisance, 29 ; — de blé ou foin : prospérité croissante, 5, 37.

MEUNIER, MEUNIÈRE : zèle et courage, 43, 69.

MEURTRE : plaisir sensuel, 22.

MIDI. Tous les rêves où se trouve cette heure sont chimériques, 41, 69.

MIE de pain : grand danger, disette, affaires mauvaises, 5, 19, 61.

MIEL : perfidie, escroquerie, mauvaises nouvelles, 4, 61, 87. | En manger : succès en affaires, sûreté en voyages, 63.

MIGRAINE : bel esprit, causerie prétentieuse, vapeurs du grand monde, 49.

MILITAIRES : amour, 32.

MILLE-FEUILLE. Rêver que cette herbe abonde dans un cimetière : annonce aux gens mariés des morts dans leur famille, et aux célibataires que la mort menace de leur enlever le premier objet de leur tendre attachement, 41, 52.

MILLET sur pied : fortune acquise sans difficultés, 17, 33, 66. | En manger : pauvreté, détresse absolue, 52.

MILLIONNAIRE : ambition, 21, 63. | Rencontrer des millionnaires : terreur, ruine, 21, 63.

MINE : poursuite, 3, 20. | Descendre dans une mine : chute dangereuse, 4, 51; — en remonter, espoir flatteur.

MINISTRE : temps mal employé, 47, 69.

MIROIR. Se regarder dedans; si on est jeune, signifie galanterie, flatterie, 45, 51. | Dans l'âge mûr : mensonge, 5, 63, 21, 32; — dans la vieillesse, naissance prochaine de petits enfants, 1, 29.

MISÈRE : enfants, 41, 53.

MITAINES : captivité, maladie, 25, 61, 82.

MITRAILLE, MITRAILLER : péril, mauvais signe, mort violente, 5, 32, 89.

MOQUEUR, MOQUERIE : mélancolie que produira une méchanceté, 47.

MORGUE : orgueil, 49.

MORALE : richesse et héritage pour le rêveur.

MORSURE : jalousie, ennui, 63.

MORT : longue vie, 66, 74. | Voir un mort et lui faire un cadeau : perte et dommage, 76, 90 ; — en voir un dans la bière : indigestion, 50. | Voir mort un homme qui est en vie et se porte bien : ennui, chargrins, perte de procès, 39. | Voir mourir encore une fois un homme déjà

mort : perte prochaine du parrain, d'un parent ou d'un ami portant le même prénom que le défunt, 83, 87. | Voir u mort qui ne dit mot : présage des passions et une destinée conforme à celle du mort, 33, 67. | Voir ou parler à un parent ou ami que l'on sait être mort : avertissement de mettre ordre à ses affaires, 47. | Voir un mort et le croire vivant : preuve que l'on peut compter sur l'héritage de ce mort, 41. | Être mort : faveur d'un grand, richesse, longue vie troublée par des envieux, 18. | Être enterré : mort subite, sinon biens proportionnés à la quantité de terre dont le mort est couvert, 83. | Baiser un mort : piété, 25. | Avoir des affaires avec une morte : amours et faveurs d'une grande dame, 67.

MOSAIQUE : mal, 80.

MOSQUÉE : incrédulité, ignorance, 7, 70, 77

MOUCHES : persécutions suscitées par des envieux, chagrins, ennui, 9, 87.

MOUCHETTES : surprise, 6, 60.

MOUDRE du blé : richesse, 15, 61.

MUET : révélation des secrets, 21, 32.

MULE OU MULET : entêtement, voyage, 45, 62.

MUR, MURAILLE : passions, 51.

MURES, MURIER. En manger : chagrins, 44, 67 ; — en voir : mauvais ménage, 21, 32.

MUSIQUE. En faire : bonne renommée, 24, 31 ; — en entendre : grande joie, 5, 33, 87. | Musique d'artistes : consolations dans la douleur, précieuse sympathie, lune de miel prolongée ou renouvelée pour des époux, 3, 21 ; — d'amateurs, antipathie invincible, enfer dans le ménage, affaires embrouillées, 53. | Rêver qu'on entend d'excellente musique : annonce qu'on recevra bientôt de bonnes nouvelles, 32, 64.

11

MUSETTE : plaisirs innocents, nouvelles de la campagne, 21, 32.

MYRTE : réputation noble et méritée, 5, 31.

MYSTÈRE : plaisirs dangereux, honte, 21, 63.

N. Lettre favorable : amour de la gloire, vertu, 15, 31, 72.

NAGER : santé, 22. | Nager en belle eau : bonheur avec écueils, 64, 81 ; — en eau troublé ou agitée : existence mélancolique, 33. | Voir nager : retour à la santé si on est malade, bonheur inespéré si on se porte bien, 42, 51. | Rêver qu'on nage dans une rivière ou que l'on passe un gué, la tête au-dessus de l'eau : excellent présage, 5, 32.

NAIN : ennemis tracassants et ridicules, 16, 53.

NAISSANCE : bonne fortune, joie, plaisir, mariage, héritage, honneur et considération, signe favorable, 21.

NAPPE : petits ennemis impuissants, 5, 21 ; — la dresser : festin, 24, 61 ; — la retirer : désordre, péril commercial, 25, 31.

NATTE de cheveux : heureux souvenir, 21 ; — tapis : ennui, solitude, 45.

NAUFRAGE. En faire un : funeste présage, 24, 65 ; — en

voir un : péril dans ses affaires, rupture d'un mariage, existence en danger, 3, 60. | Songer que le vaisseau sur lequel on se trouve, sombre, ou se brise, est un présage de délivrance et de liberté, 24, 31. | Voir des naufragés sur un radeau : peine mêlée d'espérance, 36, 45, 93.

NAVETS. En voir on en manger : espérances mal fondées, 1 ; — guérison, en cas de maladie, 10, 92.

NAVIGUER : bonne réussite, 2, 5, 60. | Voir naviguer : liberté, 27 53, 78.

NAVIRE : heureux présage, 64 ; — richement chargé : retour du bon temps, 88 ; — ballotté par les flots : péril, 73.

NÉFLIER, pin ou cormier : danger par négligence et lâcheté, 8, 35 ; — chargé de ses fruits : honneur, richesse, 33, 92.

NÉGLIGENCE, NÉGLIGENT, NÉGLIGER : peine et embarras, 25.

NEIGE : pureté du cœur, 21, 48; — tombant à gros flocons : tristesse, 1, 3. | Neige et glace : abondante récolte, 17, 24, 71 ; — en ramasser : procès, 44, 55 ; — en manger : faux plaisirs, 5, 48, 92.

NÈGRE : sagesse, 31.

NÉNUPHAR : sensualité, 42.

NERF : santé, 31. | Avoir une attaque de nerfs : résolution, maladie, 5, 21.

NETTOYAGE, NETTOYER : propreté, santé, harmonie, 4, 31, 52.

NOTAIRE : mariage ou succession, 19, 82.

NOURRICE : Soins et amours menteurs, 42. | Voir une foule de nourrices : mauvais signe pour les gens mariés, mort d'enfant, maladie, 5, 32.

NOUVELLES bonnes, malheur, 21, 32; — mauvaises, honneur, estime, mérite, 2, 4, 30.

NOYÉ : bon augure, héritage d'un parent éloigné, 4, 31, 64; — en voir un : joie, triomphe, 2, 6. | Se noyer soi-même : gain, 51. | Se noyer par la faute d'autrui : perte, ruine, 15, 60.

NUAGES : discorde, 13, 33.

NUDITÉ : maladie, pauvreté, affront, fatigue, 1, 8. | Courir nu : parents perfides, 18; — dans un bain avec la personne qu'on aime : danger que l'on court par rapport à cette femme, 27, 62. | Voir son ami ou son serviteur nu : querelle, 64, 74. | Voir un homme nu : sujet d'effroi, 13, 43; — s'il est beau et bien fait : commerce à faire, 46. | Une femme nue : honneur et joie, en proportion de sa beauté, de son embonpoint, 82.

NUIT : tristesse, 30, 88.

NUMÉROS, s'il y en a un : société, 34; — deux : caquets 64; — trois : entretien pour affaires, 46, 81; — quatre : dispute, 10, 17; — cinq : peine perdue, 12; — davantage : illusions, 99. | Si on se rappelle les numéros qu'on a rêvés : bonheur. Mettez ces numéros à la loterie.

O. Lettre favorable : faveurs amoureuses, 1, 22, 41, 57.

OBSCURITÉ : transports, 81 ; — s'égarer pendant l'obscurité : présomption déjouée, 22.

OBSÈQUES : bonheur, richesses, succession, mariage avantageux, 16, 61 ; — d'un inconnu : médisance, sourdes menées, 77.

OCULISTE : faute à reconnaître, réparation à faire, 11.

ODEUR, s'en mettre sur la tête : orgueil, présomption, jactance, 35; — si c'est une femme qui fait ce songe, elle sera infidèle à son mari, 8, 53 ; — s'en laisser mettre par d'autres sur la tête et dans les cheveux : signe d'amitié et d'estime, 1, 89. | Une mauvaise odeur répandue sur soi est le signe contraire, 28, 85, 83, 99.

OEIL : bonté, sagesse, discernement, 41, 52. | En perdre un : mort d'ascendants, 24 ; — perdre les deux richesse inespérée, 45, 61. | Avoir les yeux derrière la tête : secours d'un grand, 17, 45, 61.

OEUF : tendresse, 19, 61, 87. | Œuf blanc : satisfaction, 2; — rouge : contrariété, 5 ; — frais : bonne nouvelle, 17; — dur : avis inquiétant, 19 ; — couvé : brouille, 37. | Un œuf n'est rien ; deux font grand bien; trois, c'est assez; quatre, c'est trop; cinq, c'est la mort, 13. | Plusieurs œufs dans un panier : entreprise malencontreuse, 19. — en marbre : gain et profit, 2, 5, 12; — en argent : perte et procès, 25; — en or : petit avantage, 58; — en carton durci : grand chagrin, 63. | Œufs cassés : chagrins, caquets, 16, 75; — en être barbouillé : persécution, 19, 57, 6.

OFFRANDE : retour à la vertu, amour divin, 8, 44.

OGNONS. En sentir : querelles de famille, 25, 42; — en manger : révélation de choses cachées, 5, 61.

OIES : sots compliments, 42, 61. | Plumer une oie qui crie : restitution obligée, 54, 82 ; — sans la faire crier : profits illicites qui demeurent ignorés, 5, 33, 47.

| Avoir des oies : honneur et faveur, 8, 16, 67. | Oies, ou poules faisant entendre leur cri : profit et sûreté dans les affaires, 21, 76. | Oison : brevet d'académicien, 41, 56, 79. | Couper, la tête d'un oison ou d'une oie : satisfaction, plaisirs, bonheur, 12, 76.

ONCLE. Tuer son oncle : héritage, 21. | Manger en une omelette son oncle ou sa tante : querelles de famille, 15, 16.

ONGLES, plus longs que de coutume : grand profit, 18, 26 ; — plus courts : perte et déplaisirs, 4, 62 ; — se les voir couper : querelles de famille, 28, 88. | Ongles arrachés : déluge de misères, d'afflictions, 41, 64 ; — danger de mort, 6, 14, 97, 99.

ONGUENT : allégresse ; grand profit, 3, 30, 90, 97.

OPÉRA : désordres, confusion dans les affaires, 33, 39, 41 ; — buffa : sédition, tumulte, plus de bruit que de besogne, 41, 61.

OPÉRATEUR : fausseté, 32.

OR : folie, imbécilité, 42 ; — en boire : perte d'argent, 5, 18 ;— en faire : temps perdu, 62; — en manier : emportement, 8, 29 ; — en trouver : profit, 18, 44, — en manger : chagrins amers, 69. | Or et argent, en amasser : duperies et perte, 55 ; — l'empocher : dépit, colère, 53, 54. | Or faux : vérité, 32.

ORACLE : richesse, grandeur, 55, 92.

ORAGE : danger en amour ou en affaires, long et ruineux procès qu'il vous sera difficile d'éviter, 22, 61, 83, 97.

ORANGES amères, les voir : blessures, douleurs, ou simplement chagrins aigus, 4, 44. | Planter des orangers : larmes, ennui, 84, 97. | Pour dîner n'avoir que des oranges : bon signe, 4, 21 ; — en manger : plaisir, 2, 32, 64 ;—en offrir : riche mariage, 5, 15, 32, 75. | Avoir dans sa maison un oranger en fleurs : contentement, 34, 61 ; — sans fleurs : amours contrariés, 25, 89 ; — chargé de fleurs et de fruits : mariage avec une riche héritière pour le rêveur; mariage avec un étranger de distinction pour la rêveuse, 5, 41, 49, 73, 81, 92.

ORGE : joie et profit, 11, 74. | Manger du pain d'orge : satisfaction et santé, 2, 47. | Cultiver de l'orge : froid accueil, insouciante amitié, 51, 82. | Donner aux pauvres de l'orge : probité, bonne renommée, 4, 22, 61.

ORGIE : dérèglement des mœurs, honte, 41.

ORGUES : douce paix de l'âme, 5, 71, 82. | Jouer de l'orgue : mort de parents, 54 ; — les entendre : joie, héritage, 67, 93.

ORNEMENT : frivolité, 11,

ORPHELIN : protection sainte, 32; — en adopter : tranquillité d'esprit, 6, 60.

ORTIES ou chardons : trahison, 84; — en être piqué : prospérité, 23.

os de mort : peines et traverses, 32, 53;—en ronger : ruine certaine, 46, 60. | Voir un tas d'ossements : présage de mort dans la famille, 44, 51.

OREILLE : sécurité, 22.

OURS : ennemi riche, puissant, audacieux, cruel, mais mal habile, 10, 58; — en être attaqué : persécution dont on se tirera bien contre toute espérance, 55.

OUVERTURE : lueur d'espérance, 4, 16, 44; — de testament : mensonge, 22; — d'opéra : plaisir divin, espérances célestes, 82, 87.

P : lettre favorable, intelligence des arts et des belles-lettres, amitié, amour conjugal, vertus douces, 25, 42.

PAGE de cour : sécurité, 56, 60, 65, 72.

PAILLASSE : gaieté, indépendance, esprit, 21, 62. | Être couché sur une paillasse : tristesse, injustice, 24, 72, 89. | S'embrasser sur une paillasse : mauvaises relations, misère, inconduite, 4, 32, 61.

PAILLASSON : santé, probité, décence, 25, 89.

PAILLE : abondance : 41, 62 ; — jonchée çà et là : détresse, 4, 83, 92.

PAIN blanc ; profit, 50, 55 ; — noir : bonté, 52. | Si l on mange du pain d'orge : richesse. | Pain chaud accusation, 67, 92. | Faire cuire son pain : ordre, 32. | Partager son pain avec les travailleurs indigents : santé, courage, 76, 83.

PIQUETTE : bon ménage, 49.

PETITS ENFANTS : bonheur divin, 9, 53. | Voir les pieds des siens : profit, santé, consolation, 6, 8, 10, 92.

PHILOSOPHE : amour du bien, 41.

PHOSPHORE : éclaircissement funeste, 53.

PIANO : richesse et intelligence, 29.

PLAINE. Voir une vaste plaine couverte des produits de la terre : brillant mariage, si le rêveur est célibataire, 26, 62, 89 ; — héritage s'il est marié, 42, 51 ; — longue et heureuse vieillesse, s'il est veuf, 34, 65 ; — plaine nue : présage de disette et misère, 43 ; — une plaine couverte de cadavres : ruine profonde, 82.

PLAISIR : brillant mariage, présage heureux, 4, 21. | Mourir de plaisir : bon cœur, 43, 67. | Rêver qu'on est en partie de plaisir : bonheur de peu de durée, 24, 62. | Quitter sa maison et ses affaires pour s'adonner aux plaisirs : colère dangereuse, fortune et liberté en péril, mépris public, 54, 62.

PLANÈTES : rêves insignifiants, 22, 73.

PLANTES médicinales : joie, succès, 2, 62 ; — en manger : fin d'ennui, expédition des affaires, 34, 43.

PLUMES blanches : richesse et satisfaction, 89 ; — noires : pleurs et retard dans les affaires, 17, 27 ; — en man-

ger : amertume, 71 ; — en être couvert : honneur, 33. |
Plume jaune : discorde, guerre, 7, 22 ; — fine : gain et
profit, 33 ; — verte : adversité, 55 ; — blanche : plaisir,
89, 97 ; — salie : amertume, adversité, malheur, 22, 64.

PLUIE : tristesse, 24 ; — tombant sur un tombeau :
regrets fidèles, amour constant même après la mort,
47, 51.

PUCES : ennui, désagrément, 7, 40. | Manger un ragout
de puces : obstacles, contrariétés, 38, 88.

PUPITRE neuf : désir de s'instruire, 5, 32 ; — vieux :
mort prochaine, 65, 81 ; — brisé : impuissance, 71, 93.

PURÉE : intrigue dont on sortira vainqueur, 2, 21.

PURGATION : erreur reconnue, préjugé vaincu, retour
à la santé, 41, 62.

PYRAMIDE. Debout : bel avenir, 21, 43 ; — renversée :
ruine prochaine, 51, 64 ; — être à son sommet : grandeur
future, 22, 97 ; — y monter avec une femme ; amour
folies, 51, 99.

Q. Lettre favorable : envie, avarice, 27, 42, 61.

QUADRATURE : erreur désastreuse, 51, 62.

QUAIS : abandon, ennui, douleur, 2, 89. | Trouver un
cadavre sur le quai : prévoyance, abri de tout danger,
2, 33.

QUENOUILLE : travail honnête et pénible, 5, 82. | Avaler sa quenouille : pauvreté, 5, 8, 86. | Fabriquer des quenouilles : laborieuse médiocrité, 41, 64. | Une quenouille brisée indique la paresse, 21, 32. | Quenouille d'or : héritage, 51, 64.

QUERELLE d'hommes : jalousie, 21, 32 ; — de femmes : caquets, médisance, 51, 64. | Voir des querelleurs : mau-

vais exemple, 1, 19, 21, 41. | Entrer en querelle : constance en amitié, 6, 30, 76. | Querelle des deux sexes : amours près de naître, 8, 53. | Querelle entre mari et femme : enfant prêt à naître, 1, 52. | Querelle de frères : chagrins domestiques, 55, 67 ; — d'enfants : joie, 89.

QUILLES. Y jouer : chagrins, disgrâce, 25, 51 ; — les voir tomber : déplacement, ruine d'un grand, perte dans le commerce, 1, 32, 95 ; — si celle du milieu tombe, c'est le présage de la mort de l'un des joueurs. 45, 73. | Plusieurs quilles renversées : argent volé, 21, 42.

QUINCAILLIER, QUINCAILLERIE. Acheter de la quincaillerie : perte considérable, 3, 81, 95 ; — en vendre : accusation par de faux amis, 60, 92. .

QUINQUET. Allumé : affection subite, 21, 32 ; — éteint : antipathie invincible, 5, 83 ; — neuf : espérance, 61, 82 ; — vieux : séparation d'amis, 31, 42 ; — brisé : fortune imprévue, 6 ; — sans verre : liaison rompue, 9, 97.

QUITTANCE. La donner : rentrée de capitaux, 5, 22 ; — la recevoir : paiement, 5, 66. | Perdre ses quittances, oubli d'injures, pardon, absolution, 2, 63, 73, 95.

R

R, lettre favorable : aveuglement, 21, 64.

RABAIS : gain dans le commerce, 2, 12.

RABAT : heureuses nouvelles, 25, 64.

RABOT : industrie florissante, 5, 39.

RACINE : désordre, 21, 29, 34, 97.

RADIS OU RAVES : caractère égal et franc, 5, 30.

RADOTAGE OU RADOTER : intrigue, perte, 21, 64.

RAGE : redouter la perfidie de votre mère et la duplicité de votre frère et de votre sœur, 21, 63, 89.

RAGOUTS : amour, 31, 64.

RAISINS, les manger dans leur maturité : joie, profit, jouissances, voluptés, 19, 28, 30 ; — les manger verts

petite contrariété suivie d'un grand profit, 37, 58 ; — secs : perte, soucis, amertume, 23, 57 ; — les fouler aux pieds : victoire sur ses ennemis, 65, 68 ; — rouges : reproches, 52, 82 ; — blancs : innocence, 20, 45.

RASER, RASOIR : décision prompte et heureuse, 25, 61. | Raser (se), où se laisser raser barbe ou cheveux : perte de biens, d'honneur ou de santé, mort sur l'échafaud, 26, 36.

RAT : ennemi secret et dangereux, 26, 90. | Rat de cave : perte dont on ne se méfie pas, 1, 61. | Manger un ragoût de rat : famine, victoire, 45, 61.

REGISTRE : rectitude de jugement, bon sens et sage conduite, 42, 64.

REINE : héritage, 31, 82.

RELIGIEUSE : piété, 22.

RENARD : surprise par des voleurs, 47 ; — se battre contre lui : ennemi cauteleux et rusé, 21, 43. | Renard apprivoisé : amours mal placés, domestiques abusant de la faiblesse de leur maître, 12, 60.

REPAS, pris seul : avarice ou pauvreté, 13, 15 ; — en grande compagnie : dissipation, prodigalité, 31, 66, 93.

RIBOTE. Être en ribote : fainéantise, débauche, 41, 62. | Voir un homme en ribote : plaisir prochain, 42, 65.

RICHESSE ; présage de misère, 51, 62. | Gaspiller ses richesses : bienfaits et récompenses, 7, 21, 32, 97.

RIDES : vif dépit pour une femme, 51, 62 ; — fâcheux avertissement pour un homme, 34, 61 ; — à la main : vertu récompensée, 34.

RIDEAUX. Ouverts : franchise, 51, 62 ; — fermés : dissimulation, 45, 72 ; — d'étoffe riche : faux luxe, 5, 37 ; — en calicot ou en serge : fortune, 89, 93.

RIVAGE : bonheur, tranquillité, 16, 66, 92.

RIVAL, RIVALITÉ : entreprise malheureuse, 15, 16, 56, 97 ; — avoir une femme pour rivale : ennemi redoutable, embûches périlleuses, qui exigent une grande vigilance, 2, 41, 59.

RIVIÈRE : amour, 21, 62. | Rivière claire et tranquille : présage heureux surtout pour les juges, les plaideurs et les voyageurs, 19, 33 ; — trouble : disgrâce, menaces, 23, 52. | Rivière claire entrant dans la chambre : visite d'un grand personnage dont on recevra des libéralités, 5, 19. Si au contraire l'eau est trouble et gâte les meubles : violences, querelles et dégâts de la part des ennemis de la maison,

30, 31 ; — sortant de la chambre : outrages, danger de la vie, 64 ; — marcher sur la rivière : élévation, 72 ; — s'y noyer : plaisir, 21, 62 ; — s'y laver les pieds : richesse, 82, 97. | Rivière impétueuse : bonheur, 45, 61.

ROBE, verte : espérance, 2, 21 ; — blanche : chasteté, patience et bonté, 4, 75 ; — longue : abondance, 51 ; — garnie de perles : mariage, 22 ; — garnie d'hermine : pureté du cœur, 5, 32 ; — bleue : inconstance, 5, 34 ; — neuve : bonheur, 17, 89 ; — déchirée ou trouée : présage d'une haute fortune, 6, 21.

ROCHER. Être sur son sommet : élévation par son propre mérite; — y monter avec courage : riches espérances, 4, 32 ; — en descendre avec facilité : perte d'argent, 5, 21 ; — avec difficulté : fortune embarrassée, 25, 89.

ROMANS : plaisir et profit, 22, 64.

ROMARIN : bonne renommée, 32, 78, 92 ; — en planter : tristesse, 3, 23, 39.

RONCES : amour, 34.

ROSES, en voir dans leur saison : bon signe, à moins que le songeur ne soit malade ou en fuite, ce qui signifierait alors danger de la vie ou de la liberté, 80 ; — hors de la saison : tendresse, 6 ; — très-rouges : joie, récréations, 32, 35 ; — se nourrir de roses : présage de profit, d'honneur et de joie, 45, 52 ; — en donner à celle qu'on aime : félicité parfaite, amour mutuel, 55, 67 ; — blanche : candeur et innocence, 51, 62 ; — sur sa tige : tendresse et sincérité, 25, 49 ; — dans un verre : union prospère, 51, 67 ; — à peine éclose : mariage pour une jeune fille, 31, 42 ; — fanée : bonheur perdu, 2, 21.

ROSÉE. Tombant du ciel : la fortune entrera dans votre

maison sous la forme d'une enfant bénie à qui arriveront une multitude d'héritages, 21, 62, 97.

ROSETTES : coquetterie, vanité, 5, 32.

ROSIÈRE (être) : ostentation coupable, 21, 62; — en voir une : exemple à suivre, 25, 69.

ROSSIGNOLS : plaisir, amour et poésie, 19.

RUINE (tomber en) : amour mal placé, revers, insultes, 21; — être ruiné : accueil favorable, 1, 3; — habiter des ruines : fortune, succès, triomphe, 53, 70, 92.

RUISSEAU d'eau claire près de la maison : emploi honorable et lucratif, bienfaisance, 66, 91; — si l'eau est trouble : perte et dommage de la part de ses ennemis, incendie et procédure, 3, 9, 18. | Ruisseaux taris : ruine, 81. | Se sentir malade de sorte qu'on s'écoule tout entier en ruisseau : maladie dangereuse, 21, 52.

RUSTIQUE : souvenir respectueux, 45, 64.

S. Lettre favorable. Affliction, tristesse, mort, 49, 73.

SABBAT : fatalisme, utopie, 25, 61.

SABLE : projets sans réflexion, ruine prochaine, 89, 97. | Manger du sable : doute, incertitude, 1, 29.

SABLON : justification, 3, 49.

SABOT, chaussure : accroissement de fortune, 4, 90 |

— à jouer ; embarras de famille, 5, 59. | Manger dans ses sabots : modestie, travail opiniâtre, 25, 81.

SABRE : trahison, 49, 65.

SAIGNER par le nez ; honte, mépris général, 18, 21. | Être saigné par sa mère : projets coupable, besoins de nuire, 21, 42.

SAINT OU SAINTE : bons exemples à suivre, 42, 64.

SALADE QUELCONQUE : joie intime, bonheur conjugal, 21, 63.

SALAISONS : plaisir, 22.

SALON : affaires embrouillées, assistances d'amis ou parents riches, 15, 18, 92.

SANG. Le perdre ; douleur et regrets, 45, 61 ; — le faire répandre : convoitise, 5, 32, 64. | Cracher son sang par phthysie : maux de tête, migraine, courbature, 1, 18 ; — voir couler celui d'un autre : contestation, 9, 54 ; — en grande quantité ; fortune, richesse, 49, 92. | Taches de sang : réussite, bon temps propre à la joie, aux plaisirs et à l'exercice des arts agréables, 25, 62.

SANGLIER. Le voir : ennemi implacable, 41 ; — en manger : maladie, 22, 64 ; — le tuer : victoire, 51, 84 ; — le chasser : péril, 29, 32.

SATIN : luxe extravagant, splendides châteaux en Espagne, 21, 82, 92.

SAUCISSE, SAUCISSON : fréquentation de mauvaises sociétés, déshonneur, attaques d'ennemis cachés, 22, 81 ; — en fabriquer : richesse, 32.

SAUTERELLE : ruine de la maison, inconduite de la femme, 21, 82.

SAVANT. En voir un : désir de s'instruire, 52, 64 ; —

lui parler : respect pour le mérite d'autrui, heureux présage, 5, 31, 89.

SAVATES : fatigue à qui les met, 41 ; — repos à qui les quitte, 64, 81 ; — les traîner : paresse, 22, 81, 93 ; — les perdre : misère, 57, 62, 89.

SAVON : affaires débrouillées, assistances d'amis ou parents riches, 15, 18, 92.

SCANDALE : succès, 25, 59, 95.

SCEAU, SCELLER : sûreté, absence de tout danger, 26, 29, 95.

SCEPTRE : pauvreté, 1 ; — en casser : richesse extrême, 99.

SCIE : expédition d'affaires, succès, satisfaction, 8, 46, 52

SCORPIONS : embûches et infortune suscitée par des ennemis secrets, 34, 50.

SECRÉTAIRE, commode : amour de Dieu, 49.

SEIN de femme, plein de lait : mariage prochain, 5, 31, 89 ; — si la personne qui le porte tel est mariée nouvellement : conception, accouchement heureux, 21, 32 ; — si elle est âgée : richesse à venir, 45, 61 ; — si elle est déjà riche : argent et plaisir pour ses enfants ou héritiers, 8, 32 ; — écorché, plein de sang : perte d'enfants, stérilité, 9, 35 ; — souffrant : danger de mort pour celle qui souffre, 39. | Sein ridé et flétri : mort d'enfant, ou si la personne qui le porte n'en a point : pauvreté, chagrins, pleurs continuels, 90. | Sein, pour l'homme qui en porte un de femme : mollesse, ennui, maladie d'enfants, 44, 91, 97.

SEL : sagesse, 9, 16, 18.

SEMAILLES : richesse, joie, santé, 29, 70. | Si l'on sème des légumes : peine et travail, 12, 73.

SÉRAIL : mauvaises fréquentations, débauche, 5, 31.

SERRURE, SERRURIER : vol, 27, 81.

SERVANTE : dévouement, abnégation, 24, 51.

SERVICE : acquittement d'un devoir, 45, 64.

SIFFLET : insulte, ironie, irrévérence, 41, 55.

SIGNES célestes : chagrins à venir, 5, 19 ; — de doigts : insulte, duel, 25, 64.

SINGE : tromperie féminine, infidélité, 22, 45.

SIROP : danger passé, 41, 65 ; — en acheter : fortune en péril, 34, 49.

SOEUR : imbécillité, vol, lâcheté, trahison, 54, 67.

SOIERIE : opulence mensongère, 5, 32.

SOLDAT : dévouement, amour de la patrie, 32.

SOLEIL : abondance de biens, 61 ; — si l'on a la vue malade : guérison, 1, 6 ; — si l'on est en prison : liberté.

16, 28. | Soleil levant : bonnes nouvelles, prospérité, 11 — couchant : pertes nouvelles fausses. | Si une femme

femme nue, agréable à voir : bonheur, réussite dans ce qu'on entreprendra sur mer et sur terre, 19, 56, 65. 92. | Admirer les statues : richesse, 42.

STYLET : pauvreté, orgueil, 32.

SUCCESSION : amour divin, 3, 17.

SUCRERIES : colère, 4, 58.

SUICIDE : malheur que l'on s'attirera soi-même, 1, 90.

SUIE : bonheur éloigné, mais certain, 5, 60, 85.

SUISSE : fidélité bien exploitée, 8, 99, 100.

SUPPLICE : gaieté, 4, 22.

SYNAGOGUE : grandeur, 1, 34.

T : lettre favorable, faveurs divines, 4, 27, 83.

TABAC, TABATIÈRE : empoisonnement, 21, 32, 43, 51. | Prendre du tabac : gaieté, 41, 52; — le répandre : triste aventure, 24, 32; — le fumer : victoire, 41, 52; — ne pouvoir s'en déshabituer : bonté d'âme, 21. | Tabatière pleine : amis dévoués et charitables, 41, 52; — vide : personne ne recherche votre société, 3, 42.

TABLE servie : fortune compromise, 5, 32; — desservie : abondance et splendeur, 42, 64; — sans nappe : veuvage, 11, 22; — avec une place pour les pauvres : bonté céleste, 31.

TABLES TOURNANTES : nouvelles surprenantes, découvertes merveilleuses, 4, 22.

TABLEAU riant : heureux amour, 21, 42; — sombre : infidélité, 51, 64. | Nombreux tableaux : beaucoup d'enfants, 21.

TABLIER blanc : succès dans ses entreprises, 2, 34; — sale : trahison de femmes ou de faux amis, 5, 19; — déchiré : vie crapuleuse, 22, 41.

TAFFETAS : plaisir, 32.

TAILLEUR : vol, abus de confiance, amour dangereux, 54.

TAILLIS : bonheur champêtre, calme, solitude, 55, 61.

TAPISSERIE, en faire : inclination honnête, 2, 29, 31; — en acheter : intérêt, 5, 34, 61.

TAUPE : amour mal placé, aveuglement, 57, 89.

TAUREAUX : amour désordonné, 21, 34; — se battant : sottises par des femmes, 27, 34.

TAVERNE : orgie, oubli de ses devoirs, 42, 64.

TEIGNE : méchanceté, faux amis, 21, 32.

TÉNÈBRES : espérances, position enviée, 3, 27; — pluvieuses : terreur panique, profonde ignorance, oubli des bienséances, 5, 19, 81; — brumeuses : noire tristesse, mort d'un parent ou d'un ami, 21, 42.

TERRE fertile : belle et vertueuse épouse, 5, 21 ; — aride : compagne acariâtre, 2, 32 ; — vaste : richesse, 51, 63 ; — ensemencée de grains : profit par le travail, 27, 49 ; de légumes : crédulité, affliction ; — baiser la terre : feinte humilité, hypocrisie, 2, 19.

TERRINE : rusticité et bêtise, appétits sensuels et gloutons, 42, 64, 88, 97.

TRUITE : délicatesse de sentiment, 45, 68.

TUILE : événement imprévu, nouvelle qui surprendra beaucoup et profitera peu, 31, 64 ; — tuile brisée ou fragment de tuile : fortune endommagée, 41, 62, 87.

TULIPE. En voir : aveuglement d'esprit, 1, 32 ; — en cultiver : doux espoir, 24, 65 ; — en offrir : épouse belle et vertueuse, 2, 21.

TUNIQUE verte : espérance, 1, 32 ; — blanche ; désintéressement, 4, 32 ; — grise : amitié, 5, 21 ; — noire : froids extrêmes, 42, 64 ; — jaune paille : récolte abondante, 25, 61 ; — neuve : richesse, 64, 67 ; — trouée : événement funeste, 1, 34, 67.

TURC : constance dans le malheur, courage indomptable, 42, 61.

TUTEUR, TUTRICE : consolation après un malheur inévitable, mais suivi d'heureux jours quoique mélangés d'amertume, 1, 21, 49, 64, 87, 99.

TUYAU grand : modeste aisance, 1, 34 ; — petit : belle fortune, 5, 81.

U

U. Calamité, 5, 81, 92.

ULCÈRES ou gales aux jambes : soucis, charge, travail

sans profit, 9, 59 ; — aux bras et aux coudes : ennui, tristesse, perte de temps et de biens, 5, 75 ; — en avoir le dos couvert, l'avoir rompu ou blessé : triomphe d'ennemis ou d'envieux, mépris universel, 30, 90.

UNIFORME. En voir ou en porter un : gloire, valeur, célébrité, 57, 92.

URNE pleine : mariage, 31, 62 ; — vide : célibat, 51, 63 ; — funéraire : naissance, 5, 34. | Urne couchée d'où l'eau sort : abondance de biens, 5, 22.

USURE. Y avoir recours : profit honteux, 7, 69 ; — en faire son métier : détresse, ruine, 5, 9, 57.

UTILITÉ : grandeur, 22, 47.

VACANCES : congé que vous recevrez d'un appartement et d'une place, 4, 32.

VACCIN : perte d'emploi, changement d'amour, présent que vous recevrez, santé florissante, 42, 61, 89.

VACHES : inimitié, tromperie, infidélité de femmes, 1, 34, 61 ; — en avoir : prospérité proportionnée à leur nombre, 1, 4 ; — en être poursuivi : péril qu'un peu de prudence fait éviter, 37, 88

VAILLANCE : succès en affaires et en amour, 2, 45.

VAISSEAU. Être dedans, s'il vogue avec apparence d'orage : joie et sûreté, 41, 59, 63 ; — l'eau est-elle agi-

tée : tendresse, 21, 42 ; — s'il est eu danger de faire naufrage : péril imminent, fortune peu sûre, 5, 61, 89. | Tout vaisseau démâté présage un voyage avantageux, 83, 95.

VAISSELLE d'étain, de terre ou de porcelaine : paisible et heureuse existence, 5, 19, 60 ; — d'argent, d'or ou de vermeil : caractère fanfaron, mais bon, 34, 61.

VALETS : sotte vanité, joie bruyante, 1, 22 ; — eu avoir : perte d'argent par faillite, 5, 64, 89.

VALEUR prudente : victoire, 5, 32 ; — téméraire : forfanterie, 4, 59.

VALISE. Est-elle pleine : ménagez votre bien, 2, 21 ; — vide : espérez recevoir de l'argent, 5, 60, 82.

VALLÉE, VALLON : Délicieuse partie, dîner sur l'herbe, 42, 64.

VALISE : plaisir d'être utile à ses frères, 5, 32 ; — pleine : voyage, 41, 53 ; — vide : ménagez votre bien, 39.

VALSE : plaisirs qui seront suivis de peines, 5, 49.

VAUTOURS : rapacité, avarice sordide, 3, 42.

VEAU : paresse, nonchalance, ruine, 19, 32.

VELOURS. En acheter : richesse, 1, 34 ; — en vendre : tromperie, 41, 52.

VENDANGES : joie de la famille, abondance, bonheur intime, 39, 67.

VENGEANCE : dispute, procès ruineux, tromperie de femme, 41, 59.

VERDURE : partie de campagne, 11, 16, 31.

VERJUS : juste sécurité, 7, 86.

VERRE D'EAU. En recevoir un : prompt mariage ou naissance d'enfants, 22.

VERRE cassé sans que l'eau soit perdue : mort de la femme, salut de l'enfant, 5, 19. | Perdre l'eau sans casser le verre : mort de l'enfant, salut de la femme, 15, 45.

VERROU : peine secrète, 9, 89.

VERS à soie : amis secourables et bienfaisants, 37.

VÉSICATOIRE : mal contagieux, 2, 62.

VESSIE : orgueil, fausse gloire, 7, 43.

VESTE. En voir une ou en être vêtu : misère peu méritée, 1, 43 — brodée : fortune, place éminente, 16, 19.

VÊTEMENTS blancs : joie à qui les porte, 32, 34 ; — sales, déchirés ou grossiers : ennui, tristesse à venir, péché, blâme, mépris général, 13, 42 ; — vous les voir déchirer : réussite à l'aide de quelques amis, 7, 14, 21 ; — couverts d'or et de broderie : joie, respect, 3, 27.

VIEILLARD, VIEILLESSE : sagesse et considération, bons conseils, récompense du travail et de la vertu, 41, 62. — Vieillards refaisant leur mariage à la cinquantaine : bon exemple pour les jeunes époux, 4, 32.

VIELLE : aumônes qu'un mauvais cœur empêche de faire, 51, 62 ; — en joue-t-on : fausse nouvelle, 84, 97.

VIF-ARGENT : folles inconséquences, caractère violent et emporté, turbulence funeste, 34, 69.

VIGNE : ses feuilles révèlent la bienséance et la pudeur, ses fruits l'abondance et la richesse, 41, 67. | Rêver voir une vigne est de très bon augure,

VILLAGE, VILLAGEOIS, VILLAGEOISES : absence de

de tout souci, 12, 37, 22; — les voir se promener, cueillir des fruits : abondance, richesses, fécondité, 28. | Voir incendier un village : perte de dignités, 16, 21, 28.

VILLE abîmée par tremblement de terre; si le songeur reconnaît la ville : famine, guerre et désolation par suite du courroux du prince, s'il ne la connaît pas, ces malheurs accableront le pays ennemis, 1, 75. | Ville incendiée et consumée : famine, guerre ou peste dont souffrira la ville, 7, 70.

VIN. En voir : effusion du sang, 21, 40; — en boire pur : force, vigueur, 24, 56; — mêlé d'eau : état successif de santé et de maladie, 7, 67; — blanc : divertissement, récréation, partie, 2, 21; — rouge : énergie, 41, 59; — de liqueur : gourmandise, 31, 42; — bon : imperfections morales, 41, 57; — dans la cave : fortune, 21, 62; — mauvais : infidélités, 64, 89; — en bouteilles : vieillesse prématurée, 5, 65; — quelconque : économie, 4, 32.

VINAIGRE blanc : insulte faite à autrui, 51, 62; — rouge : affront personnel, 29, 97.

VIOLETTE : modestie, simplicité, réussite, 42, 61.

VIOLON : bon ménage, union en amis, 59, 98.

VISAGE mignon : heureux augure, 67, 99; — hideux : fiance, discorde, 5, 92.

VISION : avertissement divin de revenir au bien, 41, 99.

VISITE. En rendre une : hommage, 42, 61; — la recevoir : amitié partagée, 59, 87.

VOISIN OU VOISINE : heureuse progéniture, longue vieillesse, 1, 32.

VOISINAGE : cancans, caquets, médisance, 42, 61.

VOITURE : peine prochaine, économie, 42, 64.

VOIX douce : amourettes, 1, 42 ; — aigre : dispute, 64.

VOL, d'oiseaux : nouvelles d'une amie absente, 24, 32 ; — larcin : amour de Dieu, 34.

VOLANT : légèreté, 42.

VOLER DANS LES AIRS : mauvais augure, 41, 64. | Voler (action de voleur) : infamie, déshonneur, 4, 34.

VOLET OU VOLETS neuf : flatteur, 1, 32 ; — vieux : faux calcul, 44.

VOMISSEMENT : recouvrement d'objets ou valeurs soustraits, 31, 62.

VOYAGE : obstacles insurmontables, chagrins, 44, 61. | Voyageurs : péril, gaieté, jouissances, 2, 61. | Voyager à pied : travail, retardement, 49, 60 ; — l'épée au côté : mariage, 28, 71 ; — en compagnie : caquets, 12, 15 ; — en voiture : fortune fixée, 30, 92.

VUE. L'avoir longue et forte : bonheur et réussite dans vos entreprises, 27 ; — courte et trouble : misère et mauvais succès, 21.

x : lettre heureuse, honnêteté, 21, 42.

Y : lettre fatale, vocation funeste, 15, 32, 47.

YACHT : liberté, succès, 49 ; — le monter sur mer grandeur, noblesse, 17, 89.

YACK : richesse, 4, 97.

YATAGAN : férocité, 19.

YEUSE : douleur, 22.

YEUX : amabilité, 43, 92.

YOLE : tendresse, 1, 92, 99, 100.

Z : lettre funeste, sainteté, piété, martyre, 82, 91.

FIN.

PARIS. — IMPRIMERIE CHARLES BLOT, RUE BLEUE, 7.

www.ingramcontent.com/pod-product-compliance
Lightning Source LLC
Chambersburg PA
CBHW060025100426
42740CB00010B/1593